SIBYLLE PEINE

Kreuz und quer durch Karlsruhe

SILBERBURG

SIBYLLE PEINE

Kreuz und quer durch
KARLSRUHE

› Die schönsten Stadtwanderungen
› Die besten Adressen

Sibylle Peine studierte Geschichte, Romanistik und Publizistik in Münster, Toulouse Inhalt und Salamanca. Nach Stationen als Redakteurin bei Agence France-Presse und bei der Deutschen Presse-Agentur arbeitet sie heute als freie Journalistin und Autorin in Karlsruhe. Sie hat in den letzten Jahren zahlreiche Bücher zu regionalen Themen veröffentlicht.

Bildnachweis: S. 8: Carsten Naber – S. 9, 10, 11, 22, 37, 57, 125, 129, 141, 157, 159, 168, 170: Gemeinfrei/Archiv Silberburg – S. 15: KTG Karlsruhe Tourismus GmbH/ Andrea Fabry – S. 17: Peacemaker – S. 2/3,18, 33, 92, 127: ONUK – S. 21, 29, 30, 35, 38, 40, 41, 42, 46, 47, 55, 58, 59, 60, 65, 79, 89, 90, 99, 102, 107, 111, 112, 137, 145: Michael Kohler – S. 24: Ramessos – S. 26/27: Jan Stöcklin – S. 31, 134, 143: Stadt Karlsruhe/Majolika Manufaktur – S. 44: Stadt Karlsruhe – S. 47: Rudolf Stricker – S. 49, 104: Tobias Helfrich – S. 51: Günter Josef Radig – S. 53: Stadt Karlsruhe/Mende – S. 56: H. Zell – S. 62: Badische Landesbibliothek/Uli Deck – S. 67: David Dreher – S. 69: Voskos – S. 70: JOEXX - S. 72, 82, 84/85, 120: Ikar.us (talk) – S. 73, 75, 117, 119: Stadt Karlsruhe – S. 75: AlterVista – S. 80: Manfred Hattenkerl – S. 85: Michael Kauffmann – S. 91, 114: www.panoramio.com – S. 94: Sandkorn Theater/Jürgen Schurr – S. 97: James Steakley – S. 100: Meph666 – S. 115: B. Wagner – S. 122: Naturschutzzentrum, Karlsruhe – S. 128: Andreas Keller – S. 131: KTG Karlsruhe Tourismus GmbH Fotograf: Fabry – S. 133: Naturkundemuseum, Karlsruhe – S. 135: Martin-D – S. 139: Zorro.1 – S. 140: tbee – S. 142: Stadt Karlsruhe/Bastian – S. 146: Kaisergarten, Karlsruhe – S. 149: Hotel/Restaurant Zum Ochsen – S. 152: P10 – S. 154: Alte Hackerei, Karlsruhe – S. 155: Martin Schwarz, Karlsruhe – S. 156: Topsy Bar, Karlsruhe – S. 160: Musikhaus Schlaile – S. 161: burger inneneinrichtung, Karlsruhe – S. 163, 166, 167: Karlsruher Messe- und Kongress GmbH – S. 164: Brauerei Hoepfner, Karlsruhe – S. 170: Schlosshotel, Karlsruhe – S. 174: Jonas Ruangthong.
Kartographie: Heidi Schmalfuß, München.

Umschlaggestaltung: Anette Wenzel, Tübingen
unter Verwendung einer Fotografie von ONUK, Bernhard Schmitt.
Satz: Silke Schüler, München.
Redaktion: Matthias Kunstmann, Karlsruhe.

Printed in Italy by Printer Trento S. r. l.

ISBN 978-3-8425-2109-4

Inhalt

Kurze Stadtgeschichte

Die Entstehung Karlsruhes ist unmittelbar mit der Geschichte Durlachs, des im Osten liegenden heutigen Stadtteils, verbunden. Seit 1565 residierten dort die Markgrafen von Baden-Durlach. 1689 fiel die alte Residenzstadt dem Orléanschen Krieg zum Opfer. Der nachfolgende Spanische Erbfolgekrieg (1701–1714) zog auch die Markgrafschaft weiter in Mitleidenschaft und trug dazu bei, ihren Aufbau zu verhindern. Das zerstörte Schloss in Durlach wurde nur zu einem kleinen Teil wiederaufgebaut. Daher plante Markgraf Karl Wilhelm einen Neubau im westlich gelegenen Hardtwald. Zuerst nur als Jagd- und Lustschloss angelegt, wurde daraus dann bald die neue Residenz.

Am 17. Juni 1715 wurde der Grundstein für das neue Schloss gelegt, Zentrum und Keimzelle der Stadtentwicklung in doppelter

Schloss und Stadt Karlsruhe blicken auf eine dreihundertjährige Geschichte zurück.

Hinsicht: einerseits Mittelpunkt des einzigartigen fächerförmigen Stadtgrundrisses mit seinem strahlenförmig verlaufenden Straßensystem, andererseits Existenzgrundlage der mit dem Schloss entstehenden Residenz- und Hauptstadt bis weit ins 19. Jahrhundert hinein. Nach Fertigstellung des Schlosses wurde 1718 die markgräfliche Administration von Durlach nach Karlsruhe verlegt. In einem »Privilegienbrief« stellte der Markgraf Neusiedlern unentgeltlich ein Grundstück und Bauholz für die Errichtung eines Wohnhauses zur Verfügung. Beim Hausbau mussten sich die Karlsruher allerdings nach bestimmten gestalterischen Vorgaben richten. Ab 1752 veränderte eine neue Bauvorschrift das Stadtbild: Wie der Neubau des Schlosses mussten nunmehr auch alle Häuser aus Stein errichtet werden.

Der 1771 eingetretene Erbfall der Markgrafschaft Baden-Baden brachte auch für die Stadtentwicklung einen wesentlichen Entwicklungsschub, den man deutlich am Wachstum der Einwohnerzahl von rund 4500 im Jahr 1769 auf rund 6900 bis 1775 ablesen kann. Noch weitaus stärkere Impulse für die Entwicklung Karlsruhes bewirkte die politische Umbruchsituation in Europa am Ende des 18. und zu Beginn des 19. Jahrhunderts: Das Ende des alten Deutschen Reiches im Gefolge der Französischen Revolution und der Napoleonischen

Kurtzer Begriff
aller derer
Freyheiten/ PRIVILEGIEN,
und
Sonderbahrer Begnadigungen/
Wormit
Der Durchleuchtigste Fürst und Herr/
HERR
CARL,
Marggraff zu Baden und Hochberg/ Land-Graff zu Sausenberg/ Graff zu Sponheim und Eberstein/ Herr zu Rötelen/ Badenweiler/ Lahr und Mahlberg rc. Der Röm. Kayserl. und Königl. Cathol. Mayest. wie auch des Löbl. Schwäbischen Crayses bestellter respectivè General-Feld-Marschall und General-Feld-Zeugmeister/ auch Obrister über ein Keyserl. Regiment zu Fuß rc.
Die Jenige/ welche hinkünfftig bey und neben
Dero Neu-Erbauenden Lust-Hauß
Carols-Ruhe
Mit Anbauung Neuer Behausungen rc.
Sich niderlassen werden/
anzusehen gedencket.
Gedruckt zu Durlach/ durch Theodor Hechten.

Der Privilegienbrief des Markgrafen für die neue Residenzstadt Karlsruhe.

Neuordnung bescherte dem Kleinstaat Baden erheblichen Gebietszuwachs und 1806 den Aufstieg zum Großherzogtum. Karlsruhe war damit zum politischen und administrativen Zentrum einer Mittelmacht geworden.

In dieser Zeit beginnt auch die Neugestaltung des äußeren Stadtbildes im Stil des Klassizismus, der bis heute das Gesicht der Stadt in ihrem Kernbereich prägt. Nach Plänen des in Karlsruhe geborenen Architekten Friedrich Weinbrenner, des neben Schinkel bedeutendsten Vertreters des Klassizismus in Deutschland, erfolgte bis zur Mitte der zwanziger Jahre des 19. Jahrhunderts die komplette Neuanlage des Marktplatzes (1797) und die Errichtung zahlreicher repräsen-

tativer Gebäude wie etwa des Rathauses, der evangelischen und der katholischen Stadtkirche und der Synagoge. 1823 schuf Weinbrenner mit der Pyramide über der Gruft des Stadtgründers das Wahrzeichen der Stadt. Als Hauptstadt des neu entstandenen Großherzogtums Baden erlebte Karlsruhe zwischen 1806 und 1815 einen rapiden Bevölkerungszuwachs von weniger als 10 000 auf über 15 000 und nochmals bis 1830 auf über 20 000 Einwohner, was eine Stadterweiterung dringend notwendig machte. Gleichzeitig verlor das bislang prozentual dominierende Gewerbebürgertum durch das Anwachsen des Beamtenapparates an Bedeutung.

Die sich verändernden technischen, wirtschaftlichen, gesellschaftlichen und politischen Verhältnisse in Europa machten auch vor Baden und seiner Metropole nicht Halt: In einigen Punkten stand man hier sogar an der Spitze der Entwicklung. So entstand 1825 mit der Gründung des Polytechnikums die erste Technische Hochschule in Deutschland, an der Heinrich Hertz 1887/88 die

Das alte Ständehaus wurde im Krieg zerstört.

elektromagnetischen Wellen entdeckte und Fritz Haber 1909 die Gewinnung von Ammoniak aus Stickstoff gelang – die Grundlage zur Herstellung von Kunstdünger. Mittlerweile in den Rang einer Universität erhoben und mit dem Forschungszentrum Karlsruhe zum Karlsruher Institut für Technologie (KIT) fusioniert, genießt diese traditionsreiche Institution auch heute ein hohes internationales Renommee. Bereits 1843 fand die Stadt Anschluss an das beginnende Eisenbahnzeitalter, damit begann langfristig die Entwicklung Karlsruhes zur Industriestadt. Erst 1901 wurde dagegen, nach eher provisorischen Zwischenlösungen, ein städtischer Rheinhafen geschaffen, der heute zu den bedeutendsten Binnenhäfen Europas zählt.

Die Demokratisierungsbestrebungen der badischen Verfassung von 1818 sowie des Bürgertums fanden ihren Ausdruck in der Errichtung des ersten deutschen Parlamentsbaus, des Ständehauses, im Jahr 1822. Dass die Karlsruher in der Badischen Revolution von 1848/49 nur geringe republikanische Neigungen zeigten und das Modell der konstitutionellen Monarchie vorzogen, ist angesichts der Einwohnerstruktur allerdings nicht verwunderlich: Große Teile der Bevölkerung waren als Beamte, Kaufleute oder Handwerker direkt oder indirekt vom Hof als Arbeit- oder Auftraggeber abhängig. Diese Monarchie wurde 1849 für nur wenige Wochen durch die erste Republik in Deutschland unterbrochen; das schnelle Ende kam durch preußische Truppen. Das unter Friedrich I. – ab 1852 Regent, 1856 Großherzog – seit 1860 nach Ende der Restauration herrschende liberale Klima fand unter anderem in der Einrichtung des ersten Mädchengymnasiums in Deutschland 1893 einen bemerkenswerten Ausdruck.

Auch wenn Karlsruhe Mannheim nie den Rang als führende Industriestadt Badens streitig machen konnte, hatte der industrielle Wirtschaftssektor um die Wende zum 20. Jahrhundert einen beachtlichen Umfang erreicht. So rückte die Stadt 1901 mit über 100 000 Einwohnern in den Kreis der Großstädte auf. Der Schwerpunkt lag dabei im Bereich der Maschinenbauindustrie, gefolgt von der Nahrungs- und Genussmittelindustrie sowie zunehmend auch dem Dienstleistungssektor.

Der Erste Weltkrieg, in dem Karlsruhe als Garnisonsstadt und strategisch wichtiger Eisenbahnknotenpunkt mehrfach Ziel von Luftangriffen wurde, brachte 1918 mit der Niederlage des Deutschen Reichs und dem Ende der Monarchie nicht nur den Verlust der Residenz- und Garnisonsfunktion, sondern auch den ökonomisch noch schwerwiegenderen Nachteil der nun unmittelbaren Grenzlage zu Frankreich. Wesentlich gravierender noch waren allerdings die Folgen des »Dritten Reichs« und des

■ **Das Karlsruher Schloss war bis 1918 Sitz der Großherzöge von Baden.**

Zweiten Weltkriegs. Als französische Truppen am 4. April 1945 fast kampflos in die zu 35 Prozent zerstörte Stadt einmarschierten, waren die meisten der 1940 zunächst nach Gurs deportierten etwa 1000 Mitglieder der Karlsruher jüdischen Gemeinde dem Holocaust zum Opfer gefallen. Über 1700 Menschen waren bei Luftangriffen gestorben.

Für die Stadt selbst bedeutete die 1952 vollzogene Vereinigung Badens mit Württemberg einen schweren Schlag. Karlsruhe verlor endgültig seine Stellung als Landeshauptstadt zugunsten Stuttgarts, wo nunmehr das gemeinsame Parlament, die Regierung und die Ministerien saßen: ein für Karlsruhe gravierender Bedeutungs- und Zentralitätsverlust, dessen Folgen real und mental noch lange nachwirkten. Die Ansiedlung der beiden höchsten deutschen Gerichte, 1950 des Bundesgerichtshofs und 1951 des Bundesverfassungsgerichts, brachte Karlsruhe dagegen als »Hauptstadt des Rechts« enormen Bedeutungszuwachs.

Als Stadt der Forschung, Technologie und Kultur hat Karlsruhe heute eine neue Identität gefunden. Fast nirgendwo in Deutschland arbeiten so viele Wissenschaftler wie hier. Zahlreiche Hightech-Firmen haben sich in Karlsruhe angesiedelt und innovative Kulturinstitutionen wie das Zentrum für Kunst und Medien (ZKM) sorgen für internationale Ausstrahlung und Reputation. Zum 300. Stadtgeburtstag 2015 präsentierte sich die badische Metropole selbstbewusst als Heimat der Erfinder und Forscher, aber auch der Lebenskünstler und Genießer. Eine attraktive Mischung, die auch immer mehr junge Menschen aus aller Welt nach Karlsruhe zieht. Längst wurde auch die 300 000-Einwohner-Marke geknackt und der positive Trend scheint ungebrochen.

TOUR 1 IM HERZEN DER STADT

Marktplatz und Schloss

Tourbeginn: *Marktplatz*

Tourende: *Schloss*

Haltestelle des öffentlichen Verkehrs: *Marktplatz*

Tourenlänge: *circa 6 Kilometer, mit Abkürzung 4 Kilometer*

Höhenunterschiede: *circa 10 Meter*

Einkehrmöglichkeiten: *am Marktplatz und am Schloss*

Der **Marktplatz** von Karlsruhe ist das Meisterwerk des klassizistischen Architekten Friedrich Weinbrenner. An keiner anderen Stelle der Stadt kommt sein gestalterisches Genie, sein Sinn für Symmetrie, Ordnung und Klarheit so deutlich zum Ausdruck wie hier. Im Urteil der Nachwelt gelang Weinbrenner mit dem Karlsruher Marktplatz eine der größten Leistungen des europäischen Städtebaus überhaupt. Der harmonische Gesamteindruck ist trotz der Folgen des Zweiten Weltkriegs – dank des Wiederaufbaus der meisten kriegszerstörten Bauten – auch heute noch im Großen und Ganzen intakt.

1797 wurde Friedrich Weinbrenner in seiner neuen Funktion als Bauinspektor offiziell mit der Marktplatzgestaltung beauftragt. Bis dahin hatte Karlsruhe nur einen sehr bescheidenen Marktplatz rund um die Konkordienkirche, die damals an der Stelle der heutigen Pyramide stand, was der wachsenden Bedeutung der Stadt nicht mehr entsprach.

Weinbrenner teilte den Marktplatz in einen nördlichen und einen etwas schmaleren südlichen Teil. Der nördliche Teil war als Gewerbe- und Handelsplatz mit Marktbuden vor dreigeschossigen Bürgerhäusern vorgesehen. Im südlichen Teil siedelte Weinbrenner Rathaus und Kirche an. Für die Bürgerhäuser entwarf er Modellfassaden mit Rundbogenöffnungen im Erdgeschoss und rechtwinkligen Fenstern unterschiedlicher Höhe bei gleicher Breite in den oberen Stockwerken. Weinbrenner gelang es auf überzeugende Weise, einen bürgerlichen Gegenpol zum aristokratischen Schlossplatz zu schaffen. Der Marktplatz steht für bürgerliches Selbstbewusstsein und läutete damit auch eine neue Epoche in der Karlsruher Geschichte ein.

Marktplatz mit Evangelischer Stadtkirche.

Friedrich Weinbrenner

Er kam am 24. November 1766 als Sohn eines Karlsruher Zimmermanns zur Welt, erlernte ebenfalls dieses Handwerk und wurde bald von der Baukunst angezogen. Studienreisen führten ihn nach Dresden, Wien und Berlin. Entscheidend für seinen späteren Werdegang wurde 1792 ein Aufenthalt in Rom, wo er von dem damals hoch im Kurs stehenden antikisierenden Baustil des Klassizismus angezogen wurde. 1797 wurde Weinbrenner in seiner Heimatstadt Karlsruhe Bauinspektor und trat gleich als »zorniger junger Mann« in Erscheinung. Den vom damaligen Baudirektor Wilhelm Jeremias Müller noch präferierten Barockstil qualifizierte er als »zu schwer, zu verschnörkelt« ab. Bereits in den Jahren 1792/94 hatte Weinbrenner aus seinen Studienorten Berlin und Rom erste Vorschläge für die geplante Neuanlage eines Karlsruher Marktplatzes eingereicht. Die Pläne des damals 28-Jährigen, in denen er Kirche und Rathaus einander gegenüberstellte, wurden aber als zu exzentrisch abgelehnt. 1801 wurde Weinbrenner Baudirektor, 1809 Oberbaudirektor, ein Amt, das er bis zu seinem Tode 1826 innehatte. Bis dahin war auch im Wesentlichen die Neugestaltung des Marktplatzes abgeschlossen.

Die 1807 bis 1816 erbaute **Evangelische Stadtkirche** an der Ostseite des Marktplatzes, wo wir die Tour beginnen, erinnert mit ihrem monumentalen Säulenportikus an einen griechischen Tempel. Oberhalb der sechs korinthischen Säulen verläuft ein Friesornament. Der 75 Meter hohe Glockenturm mutet in seiner schlanken, eleganten Form wie ein italienischer Campanile an. Sein grünes Steildach zieren antike Masken und ein vergoldeter Engel mit Palmzweig krönt als Windfahne die Turmspitze. Im Jahr 1840 wurde in den Kellergewölben der Kirche eine Fürstengruft angelegt. Die Särge der hier bestatteten Mitglieder der großherzoglichen Familie wurden jedoch 1946 in das 1896 fertiggestellte Mausoleum im Fasanengarten überführt. Dagegen befindet sich Weinbrenners Grab seit 1958 in der Krypta unter der Vorhalle. Nachdem 1944 die Stadtkirche völlig ausbrannte, wurde beim Wiederaufbau 1958 das Äußere der Kirche detailgetreu rekonstruiert, dem Innern aber gab der Stuttgarter Architekt Horst Linde ein völlig verändertes Aussehen. Ein Gewölbe aus Beton, zwölf sehr schlanke Betonpfeiler und ein schwarzer Marmorfußboden prägen den nüchtern und klar wirkenden Kirchenraum. Schlichte rote Sandsteine formen die Turmhalle mit dem Altaraufbau. Einziger Schmuck der Kirche sind die 14 bunten, schachbrettartigen Fenster. In den Jahren 2008 bis 2010 wurden Fassade und Kirchturm der Stadtkirche komplett renoviert.

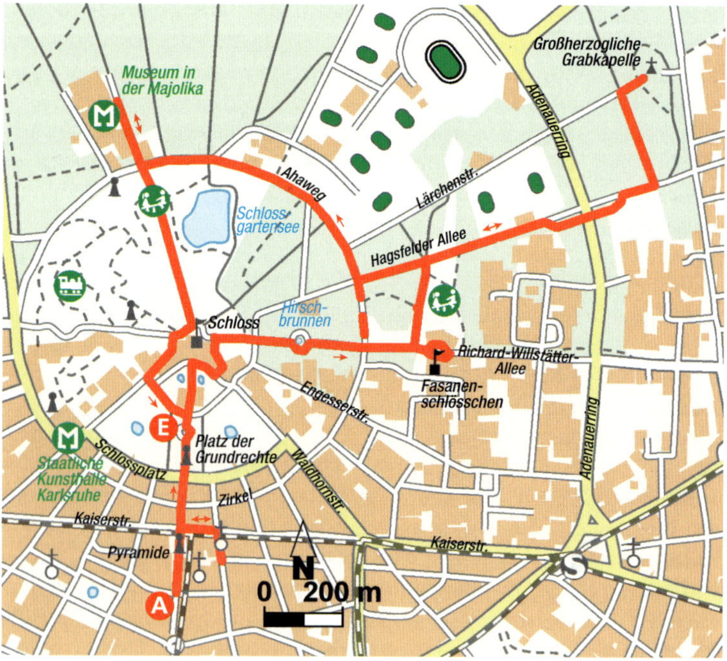

Das von Weinbrenner errichtete klassizistische Rathaus.

Rechts und links der Kirche erbaute Weinbrenner zwei **Lyzeumsgebäude**. In dem rechten Haus wohnte von 1808 bis 1812 der Dichter Johann Peter Hebel (1760–1826). Heute befindet sich hier das Sozialgericht. Im linken Haus, dem Weinbrennerhaus, sind ein Kundenzentrum des Karlsruher Verkehrsverbundes (KVV) und ein Restaurant untergebracht.

Zwischen Evangelischer Stadtkirche und Rathaus steht das von Aloys Rauter 1833 fertiggestellte **Großherzog-Ludwig-Denkmal**. Bis zur Verlegung des Marktes 1926 war es gleichzeitig der Marktbrunnen. Nach ihrer Zerstörung im Krieg wurde die Figur des Großherzogs Ludwig 1955 vom Bildhauer Fritz Moser rekonstruiert.

Das **Rathaus** wurde in den Jahren 1805 bis 1825 errichtet. Es bezieht sich in Baustil und Abmessungen auf die gegenüberliegende Stadtkirche. Die fünfachsige Giebelfront mit Ratsloggia korrespondiert mit dem Säulenportikus der Stadtkirche, ebenso der Rathausturm mit dem Kirchturm. Wird der Kirchturm von einem Engel gekrönt, so der Rathausturm folgerichtig vom Gott Merkur, Symbol für Handel und Wandel. Ein Glockenspiel in der Loggia mit 42 Glocken ertönt viermal am Tag. Beim Wiederaufbau von 1948 bis 1955 stellte man ebenso wie bei der Stadtkirche die Weinbrenner'sche Fassade wieder her. Das Innere des Rathauses wurde jedoch vollständig renoviert und den damaligen Anforderungen

Die Pyramide ist das Wahrzeichen der Stadt Karlsruhe.

mit größeren Versammlungsräumen und einem Bürgersaal für Gemeinderatssitzungen angepasst.

Aus einer späteren Zeit als Kirche und Rathaus stammt der wuchtige Neorenaissancebau von Josef Durm (1899 fertiggestellt) am südlichen Platzende, der heute von der Polizei genutzt wird.

Die **Pyramide** ist das Wahrzeichen Karlsruhes. Sie steht an der Stelle der 1807 abgerissenen Konkordienkirche. In dieser Kirche hatte der Gründer der Stadt Karlsruhe, Markgraf Karl Wilhelm, 1738 seine letzte Ruhe gefunden. Da eine Verlegung des Grabes für die neue Marktplatzgestaltung nicht in Frage kam, baute Weinbrenner zunächst eine hölzerne Pyramide als Schutz über die Gruft. Pyramiden waren seinerzeit – wohl auch ausgelöst durch den Ägypten-Feldzug Napoleons – groß in Mode. Die provisorische hölzerne Pyramide wurde 1823 bis 1825 durch eine steinerne ersetzt, die 6,50 Meter hoch ist. Sie umschließt die Gruft und darüber einen Raum mit dem in Marmor gemeißelten Stadtplan Karlsruhes sowie einen Lüftungsraum. Auf der Nordseite der Pyramide – deren Modell im Stadtmuseum Einblick ins Pyramideninnere gewährt – kann man folgende Inschrift lesen: »Hier, wo Markgraf Karl einst im Schatten des Hardtwaldes Ruhe suchte und die Stadt sich erbaute, die seinen Namen bewahrt, auf der Stätte, wo er die letzte Ruhe fand, weiht ihm dieses Denkmal, das seine Asche verschließt, in dankbarer Erinnerung Ludwig Wilhelm August, Großherzog 1823.«

Von der Pyramide aus gelangt man zur Hauptgeschäftsstraße Karlsruhes, der **Kaiserstraße**. Wie bei den meisten Shoppingmeilen in Deutschland hat auch vor der Kaiserstraße der wirtschaftliche Konzentrationsprozess nicht Halt gemacht: Immer mehr Traditionsgeschäfte und Einzelhändler wichen großen Handelsketten. Einen individuelleren Charakter haben kleinere Einkaufsstraßen wie die Herrenstraße oder die südliche Waldstraße, in der sich eine Reihe exklusiverer Geschäfte angesiedelt haben.

Die schon vor der Stadtgründung (1715) existierende »Lange Straße« – heute Kaiserstraße – wurde als südlicher Abschluss des Fächers in die Stadtplanung integriert. Für die Bewohner der Residenz war sie von Beginn an eine attraktive Adresse. Vor allem Händler siedelten sich hier gerne an, weil an dieser Durchgangsstraße von Mühlburg nach Durlach ein reger Betrieb herrschte. War die Lange Straße also schon rasch die belebteste Straße der ganzen Stadt, so war sie doch nicht ihre schönste, »weil sie noch viele alte, niedere und schlecht gebaute Häuser in sich fasst«. So jedenfalls heißt es kritisch in einer Karlsruher Stadtbeschreibung Mitte des 19. Jahrhunderts.

Das änderte sich Ende desselben Jahrhunderts, als hier im großen Stil prächtige Gründerzeitbauten hochgezogen wurden. Die ersten Warenhäuser hatten hier ihre Adresse, so die Kaufhäuser Knopf, Hermann Tietz und Wertheim, aber auch viele Fachgeschäfte, die mit eleganten Auslagen lockten. Inzwischen war aus der Langen Straße die Kaiserstraße geworden – benannt nach Kaiser Wilhelm I. anlässlich seiner Goldenen Hochzeit 1879. Im Zweiten Weltkrieg weitgehend zerstört, gehörte die Kaiserstraße zu den ersten Straßen, die wiederaufgebaut wurden. Leider blieb die Nachkriegs-Kaiserstraße architektonisch hinter ihren Möglichkeiten, wertvolle Jugendstil- und Gründerzeitfassaden verschwanden für immer. Eine Ausnahme macht das Kaufhaus Karstadt, das im neoklassizistischen Stil wiederaufgebaut wurde und Anfang der 1990er-Jahre eine harmonische Ergänzung erhielt.

Kombilösung

Eine enorme Aufwertung erfährt die Kaiserstraße mit der Verlegung der Straßenbahnen unter die Erde. Mehr als 170 Millionen Passagiere benutzen jährlich Busse und Bahnen des Karlsruher Verkehrsverbunds (KVV), eine Erfolgsgeschichte mit Kehrseite. Denn viele Trams, darunter auch lange Regionalbahnen, die die Karlsruher City direkt mit dem Umland verbinden, passierten bislang in enger Taktung das Nadelöhr der Kaiserstraße. Das ist nicht nur störend beim Einkaufsbummel, sondern auch eine echte Gefahr für die vielen Passanten. Eine Mehrheit der Bevölkerung entschied sich daher im Jahr 2002 in einem Bürgerentscheid für die sogenannte Kombilösung. Unter der Kaiserstraße entstand ab 2010 ein Straßenbahntunnel zwischen dem Mühlburger Tor im Westen und dem Durlacher Tor im Osten mit einem Südabzweig am Marktplatz. In einem zweiten Schritt wird die Kriegsstraße im Süden der City, die in der Nachkriegszeit zur hässlichen bis zu zehnspurigen Autoschnellstraße verkam, in ihrem zentralen Teil zwischen Karlstraße und Mendelssohnplatz komplett untertunnelt. Diesen Tunnel nutzen die Autos. Straßenbahnen und Fahrradverkehr teilen sich mit ihnen den begrünten Boulevard. Das »Jahrhundertprojekt« Kombilösung soll Anfang der 2020er-Jahre abgeschlossen sein.

Im östlichen, nach Durlach führenden Teil der Kaiserstraße ist ganz in der Nähe des Marktplatzes die **Kleine Kirche** einen Besuch wert. 1773 bis 1776 errichtet, gehört sie zu den ältesten Kirchen Karlsruhes. Wilhelm Jeremias Müller (1725 bis 1801), damals führender Architekt der Stadt, baute sie für die reformierte Gemeinde aus Grötzinger Sandstein im Zopfstil. Der Bau der Kirche war ein Zeichen religiöser Toleranz, die in der neugegründeten Stadt Karlsruhe geübt wurde. Obwohl die Landeskonfession lutherisch war, billigte man Reformierten und Katholiken die gleichen bürgerlichen Rechte zu.

Vor der Kirche steht der reizvolle **Knabenbrunnen**. Das von Konrad Taucher (1873–1950) gestaltete Werk spielt mit der symbolischen Bedeutung des Wassers als »Quelle des Lebens«. Der auf einem quadratischen Block kniende nackte Jüngling mit der goldenen Schale erscheint nicht deplatziert in der Nähe der Kirche. Sakral entrückt, vermittelt er ein durchaus stimmiges Bild. Hinter der Kleinen Kirche stößt man auf einen beschaulichen, baumbestandenen Platz, der im Sommer auch gern als Biergarten genutzt wird. Mit der **Statue der Marktfrau** (1928) hat Hermann Föry (1879–1930) »der kleinen Frau auf der Straße« ein Denkmal gesetzt. Ironischerweise gehörte das Vorbild für die »Marktfrau« gar nicht diesem ehrenvollen Berufsstand an. Die üppige Dame, die Modell stand, hatte der Künstler rein zufällig auf dem Weg zum Friedhof angesprochen.

Vom Marktplatz führt die »Via Triumphalis« als Stadtachse zum nahen Schloss. Zwischen Zirkel und Schlossplatz befindet sich der **Platz der Grundrechte**, der im Oktober 2005 eingeweiht wurde. Anlässlich des 50. Geburtstags des Bundesverfassungsgerichts erteilte der Karlsruher Gemeinderat dem Künstler Jochen Gerz (* 1940) den Auftrag, ein Kunstwerk für den öffentlichen Raum zu schaffen, das die Bedeutung Karlsruhes als »Residenz des Rechts« unterstreicht. Gerz befragte Künstler, Politiker, Wissenschaftler, aber auch Strafgefangene zu ihren Erfahrungen mit Recht und Unrecht und hielt ihre Aussagen auf 48 Emailleschildern fest. Die eine Hälfte der Schilder befindet sich auf dem »Platz der Grundrechte«, die andere Hälfte ist in der ganzen Stadt verteilt. Sie stehen an Standorten, die einen Zusammenhang mit dem Recht haben, zum Beispiel vor der Bundesanwaltschaft oder auf dem Gutenbergplatz, dem früheren Richtplatz der Stadt. Auf den beidseitig beschrifteten Schildern liest man Zitate wie »Das Recht gibt es nur auf dem Papier«, »Der Mensch kann nicht vom Recht alles erwarten« oder »Die Gesetze schützen die anderen vor mir und mich selbst«. Gerz, der die Öffentlichkeit gerne als Mitautorin in seine Arbeit mit einbezieht, versteht sein Werk als einen direkten Beitrag zur Demokratie.

Nur wenige Meter von der Kaiserstraße entfernt öffnet sich der Schlossplatz vor dem Besucher. Noch heute ist der berühmte barocke Entwurf der Stadt, die einem aufgespannten Fächer gleicht, deutlich sichtbar – und nirgendwo so gut wie im Schlossbezirk.

Der Platz der Grundrechte wurde 2005 eingeweiht.

Die Stadt gleicht einem Fächer

»Der Grundriß dieser Stadt gleicht einem Fächer, in welchem das markgräfliche Residenzschloß den Knopf, die verschiedenen Hauptstraßen eben so viele Fächerstäbe oder Fächerfalten vorstellen. In welcher Hauptstraße man daher auch seyn mag, so erblickt man immer am Ende derselben das Schloß, weil von diesem jede derselben abläuft. Steht man aber auf dem Thurme des Schlosses, welches beim Eingange in den sogenannten Hardtwald liegt: so sieht man rund um sich her in 32 Gassen, wovon neune die Hauptstraßen der Stadt, die übrigen blos Alleen sind, die man durch den Wald angelegt hat.« So beschrieb der Schriftsteller Johann Heinrich Campe (1746–1818) Ende des 18. Jahrhunderts treffend die ungewöhnliche Anlage der damals noch ganz jungen Stadt Karlsruhe.

Was verleitete Markgraf Karl Wilhelm von Baden-Durlach (1679 bis 1738) dazu, seine alte Durlacher Residenz aufzugeben und eine neue Stadt mitten in einem einsamen Waldgebiet, quasi abseits der Welt, zu gründen? Trotz mancher romantischer Legenden, die um die Stadtgründung gesponnen wurden, handelte es sich um einen kühl kalkulierten Akt. Seit der französische Sonnenkönig Ludwig XIV. im Jahr 1650 die Hauptstadt Paris verlassen und seinen Hof im neu erbauten Schloss Versailles angesiedelt hatte,

■ **Fächerstadt Karlsruhe, »klar und lichtvoll wie eine Regel«.**

war es unter den Herrschern der Zeit Mode geworden, ihre alten Schlösser zugunsten neuer großzügiger Residenzen außerhalb der engen mittelalterlichen Städte aufzugeben. Die neuen Residenzen dienten der Prachtentfaltung und barocken Selbstdarstellung der absolutistischen Fürsten, die auch hier ihrem großen französischen Vorbild folgten.

Der Markgraf errichtete zunächst ein kleines einstöckiges Jagdschlösschen. Daraus entwickelte sich der Plan zum Bau einer größeren Schlossanlage »an der Straße gegen Durlach, am Eck des Thiergartens«. Am 17. Juni 1715 wurde in einer feierlichen Zeremonie der Grundstein für das Schloss gelegt, nur wenig später fiel die Entscheidung zur Gründung einer Bürgerstadt. In einem Privilegienbrief wurden die Landeskinder ermutigt, sich in der neuen Residenz niederzulassen. Kostenlose Bauplätze und Baumaterialien, Steuervergünstigungen und Religionsfreiheit sollten ihnen die Ansiedlung schmackhaft machen.

Karl Wilhelm, auch darin ganz absolutistischer Herrscher, hatte die Anlage seiner neuen Stadt »Carols-Ruhe« selbst entworfen. In den Mittelpunkt stellte er den Schlossturm, um den ein Zirkel geschlagen wurde. Vom Schlossturm gingen 32 Straßen strahlenförmig ab, die nach Süden führende Allee traf auf die Landstraße von Durlach nach Mühlburg. Im nördlichen Teil des Zirkels sollten Tier- und Fasanengarten entstehen, im südlichen das Schloss mit dem Lustgarten. Daran anschließend sollten Zirkelhäuser für die Hofbeamten den Schlossbezirk abgrenzen – diese Zirkelbauten sind nach den Zerstörungen im Zweiten Weltkrieg in stark vereinfachter Form wiederaufgebaut worden und beherbergen jetzt vor allem Behörden. Erst jenseits dieses Zirkels war im südlichen Fächer die Bürgerstadt geplant.

Der sparsame Markgraf

Karl Wilhelm zeigte sich ganz als Pragmatiker, wenn er die Selbstbeschränkung mit der Armut seines Landes begründete: »Ich bin ein kleiner Fürst. Ich habe ein Haus nach meinem Stand gebaut. Mir ist lieber, man sagt von mir, ich sei schlecht untergebracht und habe keine Schulden, als dass man sagte, ich hätte einen süperben Palast, aber auch hohe Schulden.« Das Haus war zwar nicht, wie immer wieder behauptet wird, vollständig aus Holz erbaut, aber es war sehr schlicht.

Das von dem Leutnant und Architekten Jakob Friedrich von Batzendorf konzipierte Schloss wurde in Rekordzeit erstellt – bereits 1718 bezog Karl Wilhelm den Neubau. Schnell und schlampig gebaut, verfiel es nach dem überraschenden Tod des Markgrafen 1738 im

■ **Das Karl-Friedrich-Denkmal auf dem Schlossplatz.**

gleichen Tempo und lange Zeit stand nicht fest, ob die neue Residenz weiter genutzt werden würde. Erst als der Enkel des Stadtgründers, Markgraf Karl Friedrich von Baden-Durlach, 1746 die Regierung übernahm, begann eine Aufschwungsphase für die Stadt.

Schloss, Schlossplatz und Schlossgarten sind ein Gesamtkunstwerk, eine untrennbar miteinander verbundene Einheit, die ab 1750 aus der Gartenanlage gestaltet wurde. Der **Schlossplatz** ist ein weit geöffnetes abgerundetes Dreieck, dessen Spitze das Schloss bildet. Der Platz ist vollkommen symmetrisch angelegt. Die Hauptachse läuft auf das Eingangsportal des Schlosses zu – markante Blickpunkte sind das durch den Künstler Ludwig von Schwanthaler von 1840 bis 1844 geschaffene **Karl-Friedrich-Denkmal** und die spiegelnden Wasserbänder. Hinter dem Denkmal bilden die mythologischen Figurengruppen »Herkules im Kampf mit dem Drachen« und »Simson mit dem Löwen« von Ignaz Lengelacher den Auftakt zu einer Reihe von antiken Götterfiguren, die die rechts und links verlaufenden Lindenalleen säumen. Hinter den Lindenalleen verbergen sich ebenfalls wieder symmetrisch angelegte Gartenanlagen mit zwei identischen **Najadenbrunnen** (1817). Der Schlossplatz wurde mehrfach umgestaltet, 2012 erhielt er das heutige Aussehen mit den Wasserbändern.

Das **Schloss** in seiner jetzigen Form entstand im Wesentlichen in den Jahren 1752 bis 1785. Bald nach seiner Regierungsübernahme hatte sich der junge Markgraf angesichts des maroden Zustands des Schlosses für einen Neubau entschieden. Die Architekten Leopold Retti, Maurizio Pedetti und Balthasar Neumann reichten Vorschläge ein, auf deren Grundlage Albrecht Friedrich von Kesslau (1728–1788) den Bau gestaltete. Nach mehr als 30 Jahren wurden die Arbeiten von Wilhelm Jeremias Müller abgeschlossen, der quasi als Schlussakkord dem Turm eine geschweifte Haube aufsetzte und ihm damit ein wesentlich harmonischeres Äußeres verlieh. Wegen der langen Bauzeit wechselte der Stil vom reifen Rokoko des früh errichteten Ostflügels zum Zopfstil (Louis-Seize-Stil) beim Westflügel.

Der dreiflügelige Bau öffnet sich weit zur Stadtseite hin, wobei die schräg ansetzenden Seitenflügel die Endpunkte des geplanten Stadtdreiecks bilden. Kesslau gelang ein harmonisches Ensemble, indem er beide Seitenflügel auf die gleiche Länge brachte und die Flügelenden mit Pavillons markierte. Elegant ist die Verbindung zwischen Seitenflügeln und Mittelteil durch Eckbauten. Den Schlossturm verband Kesslau durch einen rückwärtigen Flügel mit dem Haupttrakt. Der Mittelteil des Schlosses ist dreistöckig, bei den Seitenflügeln liegt das zweite Stockwerk bereits im mit Schiefer gedeckten Dachbereich. Reicher Trophäenschmuck krönt die Balustraden des Mitteltrakts und die Eckpavillons der Flügel, die noch durch Uhrtürme erhöht werden. Der vorspringende, mittlere Teil des Haupttraktes wird durch einen repräsentativen Balkon geschmückt, der auf vier Säulen ruht. Goldene Balkon- und Fenstergitter, die sich vom gelbweißen Ton der Fassade abheben, stehen für den Rokokostil des Schlosses. Den Giebel ziert das badische Wappen. Für den 300. Stadtgeburtstag 2015 wurde das Schloss gründlich renoviert und erstrahlt seither in neuem Glanz.

Schlosslichtspiele

Ebenfalls zum 300. Stadtgeburtstag wurde die imposante, 180 Meter lange Schlossfassade auf spektakuläre Weise in Szene gesetzt. Auf Initiative des Zentrums für Kunst und Medien (ZKM) schufen internationale Lichtkünstler mit Musik untermalte Videos, die auf die Fassade projiziert wurden und sie auf einzigartige Weise hervorhoben und gestalteten. So farbenfroh und bewegt hatte man das Schloss noch nie gesehen. Insgesamt 400 000 Menschen zog es an den lauen Sommerabenden auf den Schlossplatz, um das Spektakel zu genießen. Der Erfolg war so groß, dass in den folgenden Jahren die Schlosslichtspiele mit neuen Klang- und Bildprojektionen wiederaufgelegt wurden und sie jetzt ein fester Bestandteil im Karlsruher Kulturkalender sind (Infos dazu S. 166).

Während das Inventar des Schlosses – Möbel, Porzellanservice, Gemälde et cetera – den Krieg zum Teil überlebt hat, da es rechtzeitig ausgelagert wurde, ist die prächtige Innenausstattung am 27. September 1944 bei einem schweren Brandbombenangriff vollständig zerstört worden. Beim Wiederaufbau in den Jahren 1950 bis 1966 wurde das Innere nicht mehr re-

konstruiert, sondern den Bedürfnissen des Badischen Landesmuseums angepasst, das den Schlossbau bis heute nutzt.

Das **Badische Landesmuseum** wurde 1921 im Schloss eröffnet, nachdem dieses nach der Abdankung von Großherzog Friedrich II. in den Besitz des Landes Baden übergegangen war. Das Landesmuseum entstand aus der Zusammenlegung der Großherzoglichen Altertümersammlung mit den Beständen des Gewerbemuseums. Es besitzt aufgrund dieser Historie überregional bedeutende Sammlungen, die mehr als 5500 Jahre Kulturgeschichte repräsentieren. Ergänzt werden die Sammlungsausstellungen durch Sonderausstellungen, von denen einige wie etwa »Hannibal ad portas«, »Das Königreich der Vandalen«, »Ramses« oder »Die Etrusker« zu Publikumsrennern mit nationaler und internationaler Ausstrahlung wurden. Mit rund 300 000 Besuchern im Jahr gehört das Badische Landesmuseum zu den populärsten Museen im Südwesten (Infos dazu S. 131).

Den Besuch im Landesmuseum kann man mit einer Besteigung des **Schlossturmes** verbinden. Von hier bietet sich eine großartige Aussicht auf Stadt und Hardtwald. In der Ferne ist sogar der Schwarzwald zu erkennen. Zu einer Verschnaufpause lädt das Schlosscafé mit einem schönen Blick in den Schlossgarten ein.

Badisches Landesmuseum

Die Abteilungen Ur- und Frühgeschichte sowie Römer am Oberrhein repräsentieren anhand ausgewählter archäologischer Funde die frühe Kulturgeschichte des Oberrheins. Die Antikensammlung, eine der bedeutendsten in ganz Deutschland, gibt eine Übersicht über die alten Kulturen des Mittelmeerraumes. Höhepunkte sind die Sammlungen von Kykladenidolen, orientalischen Bronzen, phönizi-

Im Karlsruher Schloss befindet sich heute das Landesmuseum.

schen Elfenbeinen, ägyptischen Skulpturen und griechischen Meistervasen. Der Mittelaltersaal enthält eine Sammlung von Bildzeugnissen spätmittelalterlicher Heiligenverehrung. Glanzpunkt sind hier fünf gotische Flügelaltäre.

Die Abteilung Schloss und Hof Karlsruhe zeigt unter anderem anhand eines großen Modells die Anlage Karlsruhes als Planstadt. Die großherzoglich badische Krone – 1811 in aller Eile hergestellt –, das Thronsaalensemble und ein prächtiges Toilettenservice aus dem Besitz von Stephanie von Baden geben einen Eindruck vom einstigen Glanz des badischen Hofes. Höhepunkt der Markgräflich Badischen Sammlungen ist die sogenannte »Türkenbeute«. Die reiche Sammlung ist vor allem dem Markgrafen Ludwig Wilhelm von Baden-Baden (1655–1707) zu verdanken, erfolgreicher Feldherr in den Türkenkriegen und Generalleutnant der habsburgischen Armee. Mit ihren Säbeln, Prunkdolchen, Janitscharenhauben, Gebetsteppichen, Handschriften und vielem mehr zählt die »Türkenbeute« zu den eindrucksvollsten orientalischen Sammlungen. Sie wird auch im Virtuellen Museum gezeigt.

Die Kunst- und Wunderkammer des 16. Jahrhunderts gilt als Ursprung allen fürstlichen Sammelns und war in beiden badischen Fürstenhäusern vorhanden. Sie zeigt Kuriositäten der Natur, Beispiele menschlicher Kunstfertigkeit und wissenschaftlich-technische Errungenschaften. Hinzu kommen eine Sammlung historischer Kriegs- und Jagdwaffen (Gewehrkammer) und ein Münzkabinett. Die Sammlungsausstellung »Baden und Europa 1789 bis heute« lädt zu einer Entdeckung der Alltags- und Lebenswelten der jüngsten Vergangenheit ein, dargestellt etwa an einem historischen Eisenbahnwagen, einem Kolonialwarenladen oder dem Exportschlager Kuckucksuhr. Die neue Schau »Weltkultur« verweist auf die globalen Zusammenhänge, vor allem auf den Austausch zwischen Orient und Okzident. Nach der geplanten Generalsanierung des Landesmuseums soll der Besucher noch mehr einbezogen werden. In einer »Expothek« sollen beispielsweise Objekte des Museums interaktiv zugänglich gemacht werden.

Hinter dem Schloss beginnt der **Schlossgarten**, ein weitläufiger englischer Landschaftsgarten, der fast nahtlos in den Hardtwald übergeht. In unmittelbarer Nachbarschaft zur geschäftigen City umgibt einen hier eine Oase der Ruhe. Büroangestellte legen im Garten mittags eine kleine Entspannungspause ein, Studenten kommen aus der nahen Universität herbei und nehmen ein Sonnenbad, Shoppingmüde erholen sich auf den Parkbänken. Am Wochenende sind Schlossplatz und -garten fest in der Hand von Familien, Kinder stürzen sich mit Vorliebe auf die Schlossgartenbahn, mit der man durch den Park fahren kann. Die weiten Rasenflächen laden zum Ballspielen oder einfach nur zum Faulenzen ein. Wer sich ein bisschen umschaut, der wird auf verschlungenen Pfaden immer wieder versteckte Kunstwerke entdecken wie etwa die Wassersäulen, die zur Bundesgartenschau 1967 aufgestellt wurden.

Nach Osten (rechts) schließt sich der ehemalige **Fasanengarten** an. Den Eingang bildet das **Hirschtor** an der Hauptallee. Das Gitter im prunkvollen Rokokostil ist eine Arbeit des Hofschlossers Melchior Hugenest. Der Fasanengarten wurde erst 1918, nach Abdankung des Großherzogs, für die Öffentlichkeit zugänglich gemacht. Seine Geschichte begann mit dem Bau eines Jagdhauses, das Markgraf Karl Wilhelm noch vor Gründung des Schlosses errichten ließ. Darum entstand ein Wildgehege für Rot-, Dam- und Schwarzwild, außerdem wurden Fasanen aufgezogen.

Eine Reminiszenz an die Zeiten barocker Jagdleidenschaft ist das **Fasanenschlösschen**. Man erreicht es, indem man dem Hauptweg folgt. Das schmucke Lustschlösschen wurde 1764/65 von Friedrich von Kesslau errichtet und 1815 von Friedrich Weinbrenner erneuert. Die in einem warmen Rotton gehaltene Fassade ist mit Palmen und Ranken bemalt. Vom Schlösschen aus bot sich früher ein Ausblick weit in den Fasanengarten hinein bis zur Ruine der sogenannten Biberburg. Gegenüber errichtete man zwei Feldhüterhäuschen als **chinesische Teehäuser**. Auch sie sind mit Rankenwerk bemalt, der Clou aber sind die beiden mit Schirmen bewehrten Chinesen-Figuren auf dem Dach. Zusammen mit dem Hauptgebäude ergibt sich so ein reizvolles Ensemble.

Wer einen kleinen Ausflug nicht scheut, kann hier den Weg links von den Teehäuschen entlang der dahinterliegenden Wiese in nördlicher Richtung gehen, bis man auf den nächsten Fächerstrahl stößt, die Hagsfelder Allee. Folgt man ihr weg vom Schloss in nordöstlicher Richtung, überquert beim Radwegweiser zur Waldstadt rechts auf einer Brücke den vielbefahrenen Adenauerring und biegt an der nächsten Wegkreuzung links ab, findet man rechts

Das Fasanenschlösschen ist von der barocken Chinamode inspiriert.

versteckt im Wald als Zielpunkt der Lärchenallee das 1896 fertiggestellte **Mausoleum**, in dem sich die Grablege der großherzoglichen Familie befindet (Infos dazu S. 168). Andernfalls geht es von den Teehäuschen ein Stück weiter zurück Richtung Schloss und beim Gleis der Schlossgartenbahn nach rechts über sie hinweg auf den Zirkel.

Das Mausoleum im Wald

Die Großherzogliche Grabkapelle wurde in den Jahren 1889 bis 1896 von Friedrich und Hermann Hemberger aus romanischen und gotischen Elementen erbaut. Hier sind 18 Angehörige der badischen Dynastie bestattet. Sie wurden größtenteils 1946 aus der Krypta der Evangelischen Stadtkirche am Marktplatz in das Mausoleum am Fasanengarten überführt. Zuletzt wurde hier 1952 Großherzogin Hilda beigesetzt. Die Grabkapelle war ursprünglich als Gedächtniskirche für Prinz Ludwig Wilhelm gebaut worden, den jung verstorbenen Sohn von Großherzog Friedrich I. und seiner Frau Luise. Das Mausoleum im Wald entsprach dem Wunsch des Großherzogpaars nach einer abgeschiedenen Ruhestätte. Die Sarkophage aus weißem Carrara-Marmor beeindrucken durch ihre naturalistische Gestaltung.

■ **Die Großherzogliche Grabkapelle liegt versteckt im Wald.**

Auf der Hagsfelder Allee gehen wir zurück, halten uns geradeaus Richtung Schloss und biegen nach der Kreuzung mit der Schlossgartenbahn an der nächsten Ecke rechts auf den Zirkel ab.

Nachdem sich die beiden Varianten der Tour hier wieder vereinigt haben, führt sie auf dem Zirkelweg entlang der Mauer der Schlossgärtnerei, in der ein weiteres Teehäuschen steht, zum nördlichen Gartentor. Anschließend geht es weiter im Bogen auf dem Ahaweg und dann auf dem zweiten Strahl rechts, zwischen dem ehemaligen Haus der Forstverwaltung und dem alten Turm des Heizkraftwerks, zur sehr reizvoll im Hardtwald gelegenen **Majolika-Manufaktur**. Das Ensemble aus Manufaktur, Museum, Ateliers, Galerie, Verkauf und Künstler-Bistro »Cantina Majolika« fügt sich um den bezaubernden Innenhof zu einer kleinen, aber feinen Welt fernab der Hektik des Alltags. Ein Besuch lohnt sich schon deshalb, weil die Majolika die einzig verbliebene Keramikmanufaktur in Deutschland ist. Gegründet wurde sie 1901 auf Betreiben des Karlsruher Akademiedirektors und Malers Hans Thoma und des Malers Wilhelm Süß. Der Gedanke, mit erlesenem Kunsthandwerk die heimische Wirtschaft zu fördern und die Künstler zu stärken, vermochte Großherzog Friedrich I. zu überzeugen. Die Modelle wurden von renommierten Künstlern entworfen und dann per Hand in limitierten Serien hergestellt.

Majolika-Kunst aus Karlsruhe

Das badische Wappen mit der Großherzogskrone darüber und dem doppelten M darunter ist bis heute das Markenzeichen der Manufaktur. In ihrer vielfältigen und farbenprächtigen Produktion spiegelt sich der künstlerische Wandel eines ganzen Jahrhunderts wider, angefangen beim Jugendstil über den Expressionismus, die Stiltendenzen des Bauhauses und der Neuen Sachlichkeit bis hin zu den charakteristischen Formen der fünfziger Jahre und den Kunstströmungen der Gegenwart. Aus der

Manufaktur kam ursprünglich der legendäre »Bambi«-Filmpreis, von hier stammen auch die Skulpturen, die beim Deutschen Medienpreis verliehen werden. Nach schweren Krisen durch die Konkurrenz billiger Massenproduktion setzte um die Jahrtausendwende ein Aufschwung ein. Bekannte Künstler wie Elvira Bach, Markus Lüpertz, Emil Wachter und Raymond Waydelich fertigten für die Majolika. Im Jahr 2000 wurde der »Blaue Strahl«, der vom Schloss zur Manufaktur führt, als größtes Keramikkunstwerk der Welt eingeweiht. Die Künstlerin Sabine Classen brachte zum Stadtgeburtstag 2001 eine Pyramide mit 1600 Keramikfliesen zum Glühen und in der Waldstraße wurde der »Sonnenfächer« begonnen. Nach einer erneuten finanziellen Schieflage und der drohenden Schließung der Traditions-Manufaktur wurde die Majolika 2011 in eine Stiftung überführt.

Die Majolika-Manufaktur (Infos dazu S. 131) bietet Führungen an, bei denen man auch den Künstlern bei der Arbeit zuschauen kann. Darüber hinaus gibt es Schnupperkurse. Dabei können selbst modellierte Objekte gestaltet oder bereits fertige Produkte bemalt werden.

Wir können nun dem Band aus blauen Keramik-Platten folgen und gelangen wieder zum Schloss.

In der Majolika-Manufaktur entsteht erlesenes Kunsthandwerk.

TOUR 2 AUF DER VIA TRIUMPHALIS

Vom Marktplatz zum Bahnhof

Tourbeginn: *Marktplatz*

Tourende: *Hauptbahnhof*

Haltestellen des öffentlichen Verkehrs: *Marktplatz, Ettlinger Tor, Volkswohnung/Staatstheater, Kongresszentrum, Konzerthaus, Hauptbahnhof*

Tourenlänge: *circa 3 Kilometer*

Höhenunterschiede: *keine*

Einkehrmöglichkeiten: *Marktplatz, Bahnhofplatz*

Die **Via Triumphalis** ist die von Friedrich Weinbrenner entworfene zentrale Achse der Stadt. Vom Schloss führt dieser Straßenzug über eine Abfolge von Plätzen nach Süden. Die eindrucksvolle Perspektive begeistert noch heute: Von der Mitte des Marktplatzes schweift der Blick über die Pyramide bis zum Schlossturm und in der anderen Richtung vom Marktbrunnen über die Karl-Friedrich-Straße zur Verfassungssäule auf dem Rondellplatz und weiter zum Ettlinger Tor.

In der Karl-Friedrich-Straße 16 erinnert eine Gedenktafel an die orthodoxe Synagoge, die 1938 in der Reichspogromnacht vom nationalsozialistischen Mob zerstört wurde, ebenso wie die größere in der Kronenstraße 15 unweit der östlichen Kaiserstraße, heute ist dort eine Gedenkstätte. Die in den Stadtrechten fixierte religiöse Toleranz fand dort im Bau einer ersten schlicht gehaltenen Synagoge für die jüdische Gemeinde ihren Ausdruck. Anfang des 19. Jahrhunderts errichtete Friedrich Weinbrenner an derselben Stelle eine repräsentative neue Synagoge, die nach einem Brand in den 1870er-Jahren durch einen gründerzeitlichen Bau von Josef Durm ersetzt wurde. 1971 erhielt die jüdische Gemeinde von Karlsruhe eine neue Synagoge in der Knielinger Allee.

Juden in Karlsruhe

Seit der Gründung Karlsruhes haben Juden die Geschicke der Stadt entscheidend mitgeprägt. Bereits 1720 wurden die ersten 14 jüdischen Familien in der Stadt gezählt, das waren damals 3,5 Prozent der

Blick auf die zentrale Achse der Stadt, die Via Triumphalis.

Bevölkerung. Anfang des 19. Jahrhunderts stieg ihr Anteil auf 5 Prozent. Hauptsächlich wohnten sie im östlichen Teil der Stadt um die Kronenstraße und die Synagoge herum. Juden waren überwiegend im Handel und im Geldgeschäft tätig. Als Finanziers hatten sie großen Einfluss auf die Industrialisierung Karlsruhes. 1862 erhielten die Juden in Baden das volle Bürgerrecht. Nun standen ihnen auch politische Karrieren offen. Der Karlsruher Moritz Ellstätter (1827–1905) war als langjähriger badischer Finanzminister der erste Jude in Deutschland in einem Ministeramt.

In Karlsruhe nur wenig gewürdigt wird der Schriftsteller und Philosoph Gustav Landauer (1870–1919), der einer jüdischen Schuhhändlerfamilie entstammte und während der Münchner Räterepublik eine wichtige Rolle spielte. Landauer war einer der Hauptvertreter eines radikalen Pazifismus und Anarchismus im Kaiserreich. Im Frühjahr 1919 wurde er Beauftragter für Volksaufklärung in der kurzlebigen Räterepublik. Nach deren gewaltsamer Niederschlagung ermordeten ihn Freikorpssoldaten auf brutale Weise.

Zwei jüdische Frauen aus Karlsruhe waren wichtig für die Frauenemanzipation. Die Schriftstellerin Anna Ettlinger (1841–1934) setzte sich in zahlreichen journalistischen Artikeln und Vorträgen für bessere Bildungschancen für Mädchen und weibliche Erwerbsarbeit ein. Rahel Straus geborene Goitein (1880 bis 1963) gehörte zu den vier ersten Mädchen in Deutschland, die 1899 nach einer regulären Gymnasialausbildung ihr Abitur ablegten. Das historische Ereignis fand im heutigen Fichte-Gymnasium in der Sophienstraße 12–14 statt. Die Tochter eines orthodoxen Rabbiners studierte später als erste Frau an der Universität Heidelberg Medizin und wurde Gynäkologin in München. 1933 emigrierte sie nach Israel, wo sie in der Frauenbewegung aktiv war. Heute erinnert eine Straße in der Südstadt-Ost an Rahel Straus.

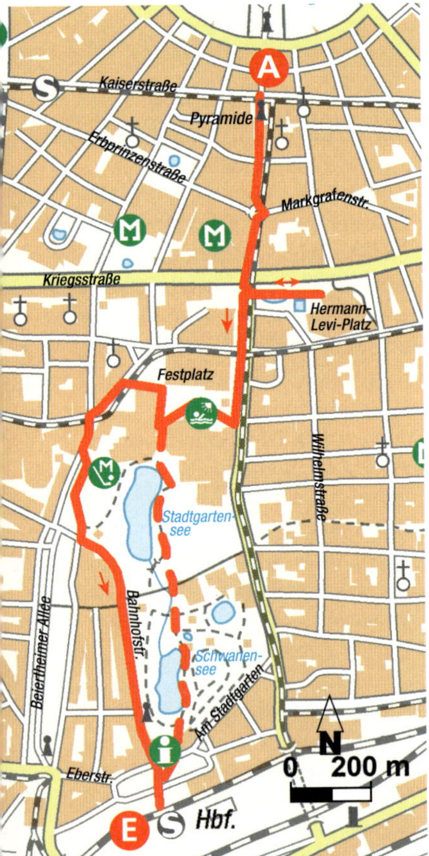

Eine herausragende und besonders tragische Gestalt unter den Karlsruher Juden war der Rechtsanwalt und Politiker Ludwig Marum (1882–1934). Der entschiedene Gegner der Nationalsozialisten und SPD-Reichstagsabgeordnete wurde unter Bruch seiner parlamentarischen Immunität kurz nach der Machtergreifung von den Nazis verhaftet und in einer entwürdigenden Schaufahrt durch Karlsruhe mit anderen Oppositionspolitikern der Lächerlichkeit preisgegeben. 1934 wurde er im KZ Kislau ermordet.

Während des Dritten Reichs waren die Karlsruher Juden einer zunehmenden Entrechtung, Enteignung und schließlich auch physischer Verfolgung ausgesetzt, die viele zur Auswanderung zwang. 1939 lebten nur noch gut 1300 Juden in der Stadt, das waren 60 Prozent weniger als 1933. Wichtige jüdische Kaufhäuser wie etwa Tietz & Knopf oder Bankhäuser wie Baer & Elend waren »arisiert« worden. Im Oktober 1940 wurden die noch in Karlsruhe verbliebenen Juden in das südfranzösische Internierungslager Gurs deportiert. Viele starben dort, andere später in Auschwitz. Etwa 1000 Karlsruher Juden wurden in Konzentrationslagern umgebracht. Nach dem Krieg zählte die jüdische Gemeinde gerade noch 39 Mitglieder.

Das ehemalige Markgräfliche Palais am Rondellplatz.

Der im Verlauf der Via Triumphalis folgende **Rondellplatz** lässt in seiner heutigen Form nur noch ansatzweise seine einstige klassizistische Harmonie und Eleganz erkennen. Zwischen 1800 und 1809 entstanden hier nach Plänen Weinbrenners vornehme Wohnhäuser. Die klassizistischen Gebäude wurden im Zweiten Weltkrieg zerstört. Nur das Markgräfliche Palais wurde aufgrund heftiger Proteste der Bevölkerung in stark vereinfachter Form wiederaufgebaut.

Die Mitte des Rondellplatzes markiert das **Großherzog-Karl-Denkmal**, auch Verfassungssäule genannt. Der Kubus mit den beiden Brunnenschalen und der Obelisk wurden in den Jahren 1822 bis 1832 nach Plänen von Friedrich Weinbrenner ausgeführt. Das Denkmal erinnert an den früh verstorbenen Großherzog Karl (1786–1818) und an die erste badische Verfassung von 1818, wie die Inschrift auf dem Sockel verkündet: »Dem Gründer der Verfassung. Die dankbare Stadt Carlsruhe«. Kurz vor seinem Tod hatte dieser ansonsten schwache Herrscher noch die liberalste Verfassung seiner Zeit in Kraft gesetzt. Sie garantierte allen Badenern Grundrechte und sah ein Ständehaus mit zwei Kammern vor. 1819 eröffnete der Nachfolger Karls, Großherzog Ludwig, auf Grundlage dieser Verfassung den ersten badischen Landtag.

Links dominiert das ehemalige **Markgräfliche Palais** mit seinem monumentalen Portikus den Platz. Von dem ursprünglich 160 Meter langen prachtvollen Gebäude blieb nach Kriegszerstörung und Wiederaufbau nur der konkav geschwungene Mittelteil erhalten; auch die prächtigen Wand- und Deckenmalereien fielen dem Krieg zum Opfer. Markgraf Karl Friedrich ließ das Palais in den Jahren 1803 bis 1814 für die drei Söhne seiner zweiten Gemahlin, der Reichsgräfin Luise Karoline von Hochberg, erbauen. Der letzte Besitzer des Markgräflichen Palais war Prinz Max von Baden. 1942 zerstört, wurde das Gebäude in den Jahren 1960 bis 63 von den Architekten Möckel und Schmidt in seiner jetzigen Form wiederaufgebaut.

Ihm links gegenüber befindet sich ein Gebäude des Regierungspräsidiums. Das heutige zwischen 1955 und 1964 entstandene Gebäude hat mit dem von Weinbrenner 1805 für einen Privatmann errichteten Vorgängerbau nichts mehr zu tun. 1865 wurde hier die »Großherzogliche Landesgewerbehalle« eröffnet, die erste ihrer Art in Deutschland. Bei einem Bombenangriff im Zweiten Weltkrieg ging mit dem Gebäude auch die wertvolle Bibliothek unter.

Rechts gegenüber dem Markgräflichen Palais steht seit dem Jahr 2005 hinter der historischen Fassade des früheren Kammertheaters das Einkaufszentrum »Ettlinger Tor«. Es nimmt fast das gesamte Karree zwischen Kriegs-, Karl-Friedrich-, Erbprinzen- und Lammstraße ein. Auf drei Ebenen und einer Verkaufsfläche von 33 000 Quadratmetern verteilen sich rund 130 Geschäfte für Einzelhandel, Gastronomie und Dienstleistung. Auffälligstes Merkmal des Centers ist die Glaskuppel, die die Ladenstraßen 150 Meter weit überspannt. Seit seiner Eröffnung hat das Einkaufszentrum »Ettlinger Tor« deutlich zur Belebung der Karlsruher Innenstadt beigetragen.

Wenn man weiter stadtauswärts geht, kommt man zum **Ettlinger Tor** an der Schnittstelle von Kriegsstraße und Karl-Friedrich-Straße / Ettlinger Straße. Bis 1872 markierte hier das von Friedrich Weinbrenner 1803 veränderte und vergrößerte Ettlinger Tor die südliche Grenze der Stadt und den Abschluss der Via Triumphalis. Zum 150. Jahrestag der Badischen Revolution entstand 1998 die neue Ettlinger-Tor-Skulptur von Andreas Helmling. Die aus zwei Teilen bestehende, leuchtendblaue Stahlskulptur abstrahiert eine antike Tempelfront und erscheint somit als Reminiszenz an den verloren gegangenen Weinbrenner-Bau. Wegen des Baus der U-Bahn-Haltestelle Ettlinger Tor im Rahmen der unterirdischen Verlegung der Straßenbahnen in der Innenstadt (»Kombilösung«) wurde die Skulptur 2011 auf eine Grünfläche an der Südtangente versetzt. Nach Abschluss der Bauarbeiten wird sie wieder ihren ursprünglichen Platz am Ettlinger Tor einnehmen.

Das Ettlinger Tor

Die dorische Tempelfront des Ettlinger Tores mit Durchlässen für Fuhrwerke und Passanten wurde von einem Zoll- und einem Wachhäuschen flankiert. 1848, während der Revolutionsereignisse, durchschritt »verschiedenes Volk« das Tor, »vom Literaten und Advokaten bis zum Arbeiter, alles mit schwarz-rot-goldener Kokarde«, berichtet der Dichter Joseph Victor von Scheffel. 1872 wurde das Tor wegen des zunehmenden Verkehrs abgerissen.

Das im Krieg zerstörte alte Staatstheater am Schloss.

Jenseits des Ettlinger-Tor-Platzes liegt links das **Badische Staatstheater**. Auf der Grünanlage davor begrüßt der »Musengaul« des Bildhauers Jürgen Goertz (* 1939) die Besucher. Die Eröffnung des Theaters 1975 beendete ein über 30-jähriges Provisorium, das durch die Zerstörung des alten Theaters am Schlossplatz bei einem Bombenangriff 1944 entstanden war. Das jetzige Theater steht an der Stelle des ersten Karlsruher Bahnhofs und der späteren Markthalle. Der Architekt Helmut Bätzner (1928–2010) entwarf ein unregelmäßiges Vieleck aus grauen Betonquadern als Grundriss. Inzwischen ist das Haus in die Jahre gekommen. Deshalb ist eine Generalsanierung beschlossen. Zudem soll der Neubau eines Schauspielhauses mit integriertem Kinder- und Jugendtheater entstehen.

Großes und Kleines Haus bieten zusammen 1500 Plätze. Mehr als 300 000 Besucher wohnen den rund 600 Vorstellungen im Jahr bei. Mit 800 Mitarbeitern ist das Badische Staatstheater das mit Abstand größte Repertoiretheater der Region. Das künstlerische Profil des von Land und Stadt finanzierten Dreispartenhauses wird traditionell vom Musiktheater geprägt. Einen besonderen Stellenwert besitzen das Werk Richard Wagners und die Opern und Konzerte von Richard Strauss. Seit 1978 finden jährlich Händel-Festspiele statt (Infos dazu S. 136).

Theater in Karlsruhe

Die Geschichte des Karlsruher Theaters ist untrennbar mit dem Hof verbunden. Schon der Stadtgründer Markgraf Karl Wilhelm ließ im Ostflügel seines Schlosses ein intimes Liebhabertheater für die Hofgesellschaft einrichten, in dem Tanz- und Singspiele gegeben wurden. 1808 baute Friedrich Weinbrenner das erste richtige Hoftheater neben dem Schloss. Es wurde 1847 ein Opfer der Flammen, als ein Brand während einer Aufführung ausbrach. Zahlreiche Besucher starben bei der Katastrophe.

Zunächst wurde das Theater von adeligen Intendanten – teilweise sogar Soldaten! – ohne jegliche Fachkenntnisse geleitet, was der Qualität des Repertoires nicht unbedingt guttat. Mit dem Bau des neuen Theaters 1853 ebenfalls am Schlossplatz trat eine Wende ein. Architekt war der damals bedeutendste Baumeister Karlsruhes, Heinrich Hübsch (1795–1863). Der Dresdner Hofschauspieler Eduard Devrient wurde erster Intendant in Karlsruhe. Er ließ vor allem anspruchsvolle Stücke von Schiller, Goethe, Lessing und Shakespeare spielen. Außerdem setzte mit ihm in den 1850er-Jahren die Wagner-Ära ein. 1863 leitete Wagner zwei Konzerte in Karlsruhe; um ein Haar hätte er sich übrigens ganz in der Residenzstadt niedergelassen. Auch Brahms spielte in Karlsruhe, 1869 wurde sein »Deutsches Requiem« hier uraufgeführt.

Bis zum Ersten Weltkrieg machte Generaldirektor Felix Mottl Karlsruhe zur führenden Opernstadt Deutschlands. Die Namen der Karlsruher Sänger hatten euro-

Das heutige Staatstheater ist ein Kind der siebziger Jahre.

päischen Ruf. 1918 wurde aus dem Hoftheater das Badische Landestheater. In der Nazizeit wurden der Intendant Hans Waag und der Generalmusikdirektor Josef Krips entlassen, außerdem zahlreiche Künstler wegen ihrer jüdischen Herkunft. Nach der völligen Kriegszerstörung musste das Theater in die Konzerthalle am Festplatz umziehen. Mit dem Bezug des Neubaus 1975 begann dann ein neuer Abschnitt für das Staatstheater. Generalintendant Günter Könemann (1977–1997) brachte sämtliche Strauss-Opern auf die Bühne. Er initiierte auch die Händel-Festspiele. Unter der Intendanz von Achim Thorwald (2002 bis 2011) wurde die international gefeierte Primaballerina Birgit Keil zur Ballettdirektorin berufen. 2011 übernahm Peter Spuhler die Leitung des Badischen Staatstheaters.

Zwischen dem Theater und der Ettlinger Straße als Verlängerung der Via Triumphalis, zu der wir zurückgehen, steht das Gebäude der ehemaligen **Oberpostdirektion** Nordbaden. Es wurde 1934–1938 nach Plänen von Hermann Billing (1867–1946) erbaut. Der wuchtig wirkende graue Block wird aufgelockert durch Bogengänge im Erdgeschoss der zwei Hauptseiten sowie Wappenfriese und Porträtmedaillons, die Persönlichkeiten aus der Geschichte der Post zeigen. Heute wird das Gebäude von der Volkswohnung und der Diskothek »Die Stadtmitte« genutzt. In leicht italianisiertem Stil erscheint auch der Turm, der entfernt an einen Campanile erinnert.

Stadtauswärts gehend erreichen wir hinter der nächsten Kreuzung rechts einen der schönsten Plätze in Karlsruhe, den **Festplatz**. Die Karlsruher haben diesen Platz für Kulturveranstaltungen und Freizeitvergnügungen reserviert, wie der Name schon nahelegt, aber auch für Messen und Tagungen. Den unterschiedlichen Funktionen entsprechen die markanten Gebäude des Festplatzes: Vierordtbad und Schwarzwaldhalle, Garten- und Nancyhalle, Konzerthaus und Stadthalle sowie ein Hotelbau. Die Bauten repräsentieren sehr verschiedene Architekturstile und sind damit ein Spiegelbild der bewegten Geschichte des Festplatzes.

Von der Stadtmitte her fällt zunächst das **Vierordtbad** ins Auge, eines der ältesten Hallenbäder Deutschlands und schönsten Gebäude Karlsruhes. Seit einer gründlichen Renovierung Anfang des Jahrtausends zeigt sich das historische Hallenbad in modernisierter Pracht. Heute ist das Vierordtbad ein elegantes Wellness- und Gesundheitsbad mit nostalgischen Anklängen. Dieses erste öffentliche Bad Karlsruhes geht auf eine wohltätige Stiftung des Bankiers Heinrich Vierordt (1797–1867) zurück. In den Jahren 1871–1873 wurde es von Josef

Die Schwarzwaldhalle gehört zu den bedeutendsten Nachkriegsbauten.

Durm (1837–1919) in italienischem Renaissancestil mit hoher Kuppel erbaut. Italienische Landschaftsbilder von Wilhelm Klose schmücken den Kuppelbau der Eingangshalle. Hinter dem Bad ragt ein minarettartiger Schornstein auf, der ein Teil des vorher an dieser Stelle gelegenen Heizwerkes war.

Hygieia-Brunnen

Vor dem Eingang stimmt der reizvolle Hygieia-Brunnen von Johannes Hirt (1859–1917) bereits auf die Freuden ein, die den Besucher im Innern erwarten. Hygieia, die griechische Göttin der Gesundheit, begießt zwei Jünglinge mit Wasser. Während der eine Jüngling das Wasser über seinen Rücken fließen lässt, fängt der andere es in einer Schale auf – Sinnbild für Bad und Trank, die beiden Möglichkeiten der Heilkraft des Wassers. An den Wasserspielen erfreuen sich vier auf dem Schalenrand sitzende unbekleidete Jungen und Mädchen.

Die im Zweiten Weltkrieg zerstörte Festhalle (1877 von Josef Durm erbaut) wurde 1953/54 durch die **Schwarzwaldhalle** ersetzt, einen der markantesten Nachkriegsbauten Karlsruhes und Symbol architektonischen Neubeginns. Dem Architekten Erich Schelling (1904–1986) gelang ein beschwingt wirkender Bau, dessen eigentliche Originalität das frei gespannte ellipsenförmige Hängedach ist. Die Spannbetonschale ist dabei nur sechs Zentimeter hoch. Die Konstruktion beruht auf einem ausgeklügelten Prinzip von Krümmung und Gegenkrümmung und war damals eine Sensation. Die Schwarzwaldhalle bietet Raum für gut 3500 Personen und ist Schauplatz für Bälle, Karnevalssitzungen, Shows, Parteitage, Konzerte et cetera.

Hollywood-Glamour in Karlsruhe

Von 1955 bis 1964 war die Schwarzwaldhalleglanzvoller Schauplatzder Bambi-Preisverleihungen. Fast alle Promis des damaligen deutschen Filmgeschäfts traten hier auf, so etwa Maria Schell und O. W. Fischer, Liselotte Pulver und Karlheinz Böhm, Heinz Rühmann und Horst Buchholz. Selbst internationale Stars wie Rock Hudson, Jean Marais, Sophia Loren und Gina Lollobrigida gaben sich hier die Ehre. Mit dem imageträchtigen Spektakel war es allerdings vorbei, als sich der Verleger Franz Burda entschloss, die Preisverleihung nach München zu verlegen. Nur noch einmal kam der Bambi nach Karlsruhe zurück – 1998 zum 40-jährigen Jubiläum. Veranstaltungsort war aber nicht mehr die Schwarzwaldhalle, sondern das damals brandneue ZKM.

Weniger spektakulär sind die beiden Hallen, die später gebaut wurden, als die Schwarzwaldhalle dem gestiegenen Flächenbedarf für Ausstellungen nicht mehr gerecht werden konnte. Die 1956 an ihrer Ostseite errichtete **Gartenhalle** wurde Ende der 1980er-Jahre abgerissen und durch eine moderne, größere Ausstellungshalle ersetzt. Die **Nancyhalle** von Erich Schelling, die 1966 anlässlich der Bundesgartenschau neben der Schwarzwaldhalle entstand, wurde als schmucklose Mehrzweckhalle errichtet. Zurzeit wird sie als Proberaum vom Badischen Staatstheater genutzt.

Das dominierende Gebäude des Festplatzes ist auf der anderen Längsseite die **Stadthalle.** Das moderne Kongresszentrum wurde 1985 eröffnet. Architektonisch hat es Elemente des Vorgängerbaus, der früheren Ausstellungshalle der Architekten Curjel und Moser, aufgenommen. So wurden die unter Denkmalschutz stehenden Kolonnaden dem Neubau vorgeblendet. Im Innern jedoch wurde der Bau ganz auf die Ansprüche eines modernen Kongress- und Ausstellungszentrums zugeschnitten.

Hurra, die Grünen sind da

Die alte Stadthalle war 1980 Schauplatz eines historischen Ereignisses: Hier fand der Gründungskongress der Grünen statt. Angeblich hatte Karlsruhe den Zuschlag bekommen, weil die Halle »so billig zu haben war« (Fritz Kuhn). Dafür platzte sie aber auch aus allen Nähten. Für 1000 Delegierte, die an jenem Januarwochenende zusammen kamen, war die Halle offensichtlich zu klein. Die neue Partei war damals noch ein bunter Haufen – fundamentalistische Öko-Sozialisten wa-

Das Konzerthaus entstand 1915 im neoklassizistischen Stil.

ren darunter, militante Tierschützer, Feministinnen, Lebensreformer und Maoisten. Entsprechend turbulent verlief die Veranstaltung. Zu den prominentesten Akteuren damals gehörten der Künstler Joseph Beuys, der Philosoph Rudolf Bahro und der Ex-CDU-Politiker Herbert Gruhl. Nach zähen Diskussionen definierten sich die Grünen als »ökologisch, basisdemokratisch, sozial und gewaltfrei«. »Hurra, die Grünen sind da«, schrieb »Die Zeit« damals. Doch sie räumte der Partei wenig Chancen ein: »Karlsruhe als Visitenkarte hat die Untauglichkeit und Unverantwortlichkeit der grünen Bewegung bewiesen.« Hier sollte die Zeitung irren.

Heute finden in der Stadthalle internationale Fachkongresse und -messen sowie Firmenpräsentationen statt. Nachdem die Stadt die Kapazitäten des Kongresszentrums am Festplatz für erschöpft hielt, entstand in Rheinstetten-Forchheim die neue **Karlsruher Messe**, die 2003 eröffnet wurde. Die vier Messehallen mit einer Gesamtfläche von über 50 000 Quadratmetern, darunter mit der dm-Arena auch eine Multifunktionshalle, sowie eine rund 10 000 Quadratmeter große Ausstellungsfläche im Freien bieten Platz für bedeutende Messen wie die »art KARLSRUHE« oder die Verbrauchermesse »offerta«. Auch Konzerte und Tagungen werden hier veranstaltet.

Neben dem Kongresszentrum – und mit direktem Zugang zu ihm – wurde 2002 ein Hotel, das heutige Novotel Karlsruhe City, eröffnet.

Am Ende des Platzes befindet sich das **Konzerthaus**. Das renommierte Schweizer Architektenteam Robert Curjel (1859–1925) und Karl Moser (1860–1936) erbaute es anlässlich des 200-jährigen Stadtjubiläums 1915 im neoklassizistischen Stil. In den Jahren 1993/94 wurde das Konzerthaus vollständig renoviert. Der im Zweiten Weltkrieg zerstörte Portikus mit den Säulen wurde wiederhergestellt, der Große Saal und das Hauptfoyer wurden zeitgemäß rekonstruiert. Das im Krieg zerstörte Giebel-Relief von Karl Albiker ersetzt heute ein Kunstwerk des Karlsruher Akademieprofessors Stephan Balkenhol (* 1957). Auch technisch ist das Konzerthaus, dessen großer Saal über eine hervorragende Akustik verfügt, auf der Höhe der Zeit.

Zwischen Schwarzwald- und Nancyhalle liegt einer der beiden Eingänge zum **Zoologischen Stadtgarten**, der andere ist am Bahnhof. Hier kann man ohne Probleme einen halben Tag verbringen (Infos dazu S. 167). Der Karlsruher Zoo ist einer der ältesten in Deutschland und Heimat von über 4000 Tieren aus aller Welt. 250 Arten sind vertreten – von Elefanten bis zu den kleinen Erdmännchen. Giraffen und Eisbären, Schimpansen und Seelöwen, Flamingos, Pinguine und Kraniche zählen zum Bestand. Im Kinderzoo können Haustierrassen vom Walachen-Schaf und Pony bis zur afrikanischen Zwergziege und dem sardischen Zwergesel angeschaut werden. Der Zoo versteht

Eingang zum Zoologischen Stadtgarten.

Reizvoll ist eine Gondoletta-Fahrt im Stadtgarten.

sich jedoch nicht nur als Besucherattraktion, sondern auch als wissenschaftliche Einrichtung. Internationales Ansehen konnte er sich durch verschiedene Zuchterfolge erwerben, vor allem bei vom Aussterben bedrohten Tierarten wie den Netzgiraffen oder Säbelantilopen. Als erstem Zoo in Deutschland gelang es in Karlsruhe, Persische Kropfgazellen zu züchten. Auch verfügt er über das modernste Eisbärengehege Europas.

Tod in den Flammen

Bei einer Brandkatastrophe im November 2010 kamen im Karlsruher Zoo alle 26 Tiere des Streichelzoos ums Leben. Flusspferde und Elefanten wurden im letzten Augenblick von ihren Pflegern aus dem brennenden Elefantenhaus gerettet. Durch die große Anteilnahme und Spendenbereitschaft der Karlsruher Bevölkerung konnte bereits im September 2011 der Neubau des Streichelzoos eröffnet werden.

2012 erhielt der Zoo die »Bergwelt Himalaya«, ein Gehege mit Geröllfeldern und Felsen, das den Schneeleoparden oder dem Roten Panda eine perfekte Heimat bietet. Das ehemalige Tullabad wurde 2015 als Exotenhaus wiedereröffnet. Hier leben jetzt 2000 Tiere, darunter Fledermäuse, Faultiere und Riesenschildkröten. Des Weiteren gehört eine Nasenbärenanlage zu den Attraktionen des Zoos.

Der Zoo wurde 1865 als Tiergarten des Badischen Vereins für Geflügelzucht gegründet. Zunächst konnte nur Geflügel angeschaut werden, nach und nach jedoch wurde der Tierbestand erweitert. 1877 erwarb die Stadt den Tiergarten mit dem ihn umgebenden Park und machte daraus einen Stadtgarten. Im Gegensatz zum fürstlichen Schlosspark, wo der Aufenthalt durch allerlei Verbote eingeschränkt war (man durfte dort nicht singen, pfeifen oder rauchen!), ging es in diesem bürgerlichen Park lockerer zu. Im Süden wurde Anfang der 1890er-Jahre ein Wasserhochreser-

voir gebaut, das unter einem Hügel mit künstlicher Ruine, dem nach dem damaligen Oberbürgermeister benannten Lauterberg, versteckt wurde. Von der heutigen Aussichtsplattform hat man einen seltenen Blick auf die Stadt Karlsruhe.

Reizvoll sind die beiden Seen, der Schwanen- und der Stadtgartensee. Auf beiden Seen, inzwischen durch einen Kanal miteinander verbunden, wurde anlässlich der Bundesgartenschau 1967 ein Gondoletta-Bootsbetrieb eingerichtet, der sich auch heute noch in den Sommermonaten großer Beliebtheit erfreut. Auf einer gemächlichen Bootsfahrt lassen sich die Schönheiten des Parks in aller Ruhe bewundern. Mehr als 100 Veranstaltungen im Jahr – Musikdarbietungen, Folkloreveranstaltungen und Kindernachmittage sowie das alle zwei Jahre stattfindende Lichterfest – ziehen die Besucher zur Seebühne am Stadtgartensee. Außerdem lockt zu jeder Jahreszeit die große botanische Vielfalt des Stadtgartens: In der Nähe der Gondoletta-Anlegestelle befindet sich der prachtvolle Rosengarten mit seinen 15 000 Rosen, aufgefächert in 200 verschiedene Sorten. In exotische Welten entführt der Japangarten mit Pagode und Shinto-Schrein. Bei seiner Eröffnung 1913 war er der erste seiner Art in Deutschland. Daneben befindet sich ein Duft- und Tastgarten.

■ **Vom Bahnhofplatz gelangt man schnell zum Stadtgarten.**

Wer den Stadtgarten nicht besuchen und am Bahnhofplatz wieder verlassen möchte, geht nun an der Säulenfront des Konzerthauses vorbei, hält sich links entlang der Beiertheimer Allee, wo es einen Minigolfplatz gibt, und folgt an der Gartenmauer links der Bahnhofstraße.

Der Karlsruher **Hauptbahnhof** ist ein architektonisches Schmuckstück. Er beeindruckt mit seiner Jugendstilfassade und dem imposanten Tonnengewölbe der Empfangs- und Schalterhalle. Gleichzeitig ist er natürlich auch ein modernes Reise- und Einkaufszentrum mit zahlreichen Geschäften und Restaurants. 40 000 Menschen passieren den Hauptbahnhof Tag für Tag. Wegen seiner entspannten, lebendigen Atmosphäre und seiner Kundenfreundlichkeit wurde er 2008 zum besten Großstadtbahnhof Deutschlands gekürt.

Ein Bahnhof wandert

Die Eröffnung des Bahnhofs am 23. Oktober 1913 war für die Stadt Karlsruhe ein Jahrhundertereignis. Beendet waren damit Jahrzehnte aufgeregter Bahnhofsdebatten. Der von Wilhelm Eisenlohr 1843 erbaute erste Bahnhof der Stadt, der ungefähr an der Stelle des heutigen Staatstheaters lag, war zu einem Problem für die Stadtentwicklung geworden. 1843 noch am Rande der Residenzstadt gelegen, behinderten Bahnhof und Bahngleise am Ende des 19. Jahrhunderts die Expansion der Stadt nach Süden. Vor allem die neue Eisenbahnervorstadt, die heutige Südstadt, wurde durch die Gleise von der Altstadt abgeschnitten. Nachdem etliche Vorschläge wie etwa die Höherlegung der Bahn diskutiert und wieder verworfen worden waren, entschloss sich das Land 1902 zur Verlegung des Bahnhofs anderthalb Kilometer nach Süden an den äußersten Rand des Stadtgartens.

Obwohl Hermann Billing, ein entschiedener Vertreter der Moderne, den Architekturwettbewerb gewann, wurden schließlich Pläne des dritten Preisträgers August Stürzenacker (1867–1943) realisiert. Von der früheren prächtigen Innenausstattung sind leider manche Besonderheiten wie der in Gold-Weiß gehaltene »Fürstenbau«, der die herrschaftlichen Reisenden an »heimische Schlossinterieurs« erinnern sollte, den Veränderungen der Zeit zum Opfer gefallen.

Bahnhof und Vorplatz haben im Wesentlichen den Charakter bewahrt, der ihnen vor 100 Jahren gegeben worden ist. Mit der Gestaltung des **Bahnhofplatzes** wollte der Architekt Wilhelm Vittali (1859 bis 1920) eine harmonische Raumwirkung erzielen. Dies ist ihm gelungen: Einheitliche Fassadenentwürfe für Hotels und Privathäuser und die um den Platz herumführenden Pfeilerkolonnaden vermitteln ein Bild der Geschlossenheit, das sich großenteils bis heute erhalten hat.

Der Karlsruher Hauptbahnhof mit seiner schönen Jugendstilfassade.

TOUR 3 ROTE ROBEN, KULTUR UND SHOPPING

Durch die westliche Innenstadt

Tourbeginn: *Schlossplatz*

Tourende: *Marktplatz*

Haltestellen des öffentlichen Verkehrs: *Marktplatz, Europaplatz*

Tourenlänge: *circa 4 Kilometer*

Höhenunterschiede: *keine*

Einkehrmöglichkeiten: *viele*

Gleich links vom Schloss steht das Gebäude-Ensemble des **Bundesverfassungsgerichts**. Es dürfte vielen aus der Berichterstattung in den Medien bekannt sein, wie überhaupt heute Karlsruhe in erster Linie als »Residenz des Rechts« bundesweit präsent ist. Das Bundesverfassungsgericht hat seit 1951 seinen Sitz in der Stadt.

Kampf um Justitia

Als Karlsruhe nach dem Zweiten Weltkrieg seine Landeshauptstadtfunktion verlor, versuchten Stadt und Land durch die Ansiedlung von Bundesbehörden einen gewissen Ausgleich zu schaffen. Zunächst bewarb man sich um den Sitz des Bundesgerichtshofs. Heftigster Rivale war Köln. Die Geschichte dieses Konkurrenzkampfes ist nicht ohne heitere Züge. Die Kölner behaupteten, dass der Wiederaufbau der Gebäude in Karlsruhe nicht schnell genug ginge. Bei einer »Spionagereise« nach Karlsruhe verwechselten sie allerdings das noch in Trümmern liegende Schloss mit dem Erbherzoglichen Palais. Das Schloss war aber nie als Sitz des Bundesgerichtshofs vorgesehen gewesen. Nachdem 1950 die Entscheidung für Karlsruhe gefallen war, beschloss der Bundestag, auch das Bundesverfassungsgericht hier anzusiedeln – gegen den Widerstand der Berlin-Befürworter. Das Bundesverfassungsgericht bezog zunächst das Prinz-Max-Palais.

In den folgenden Jahrzehnten bestand noch zwei Mal die Gefahr, dass Karlsruhe das Bundesverfassungsgericht wieder abgeben müsste. Anfang der 1960er-Jahre

Das Bundesverfassungsgericht in Karlsruhe.

wurde das Prinz-Max-Palais zu klein. München lockte mit größeren Räumlichkeiten. Unter diesem Druck stellte Karlsruhe das Gelände des früheren Hoftheaters am westlichen Schlossplatz zur Verfügung. Die Ruinen des Theaters wurden abgerissen, von vielen wurde dieser Schritt sehr bedauert. In den Jahren 1965–1969 baute der Berliner Architekt Paul Baumgarten (1900–1984) das aus fünf Pavillons unterschiedlicher Größe und Höhe bestehende Gebäudeensemble, das »demokratische Transparenz« ausstrahlen sollte. Als Materialien verwendete er Aluminium, Holz und Glas. Der größte Pavillon ist das Sitzungssaalgebäude mit Plenarsaal, Foyer, Empfangssaal und Presseraum.

Nach der Wiedervereinigung wurde 1990 noch einmal darüber diskutiert, das Bundesverfassungsgericht zu verlegen – und zwar nach Leipzig, wo sich vor dem Krieg die wichtigsten Gerichte befanden. Neben anderen Argumenten sprach aber gegen Leipzig, dass man es mit der Unrechtsjustiz des Reichsgerichts in der Nazi-Zeit verband. Schließlich wurde Karlsruhe als Sitz der Gerichte bestätigt. Als im Jahr 2000 die Räumlichkeiten des Bundesverfassungsgerichts zu eng wurden, löste dies erneut eine öffentliche Umzugsdebatte aus. Konkrete Alternative war das Potsdamer Schloss. Doch auch diesmal stimmten die Richter und Richterinnen für den Verbleib in Karlsruhe und dazu für einen Erweiterungsbau. Dieser elegante dreigeschossige Bau des Berliner Architekten Michael Schrölkamp (* 1964) findet sich mit seiner begrünten Fassade seit 2007 in harmonischer Nachbarschaft zum Botanischen Garten. Das in die Jahre gekommene Hauptgebäude wurde von 2011 bis 2014 von Grund auf saniert.

Die Richter des Bundesverfassungsgerichts werden oft »Wächter des Grundgesetzes« genannt. In den 70 Jahren seiner Existenz hat das Gericht sich eine beispiellose Autorität erworben. Von Karlsruhe aus ergingen viele wegweisende Urteile, so etwa über das Recht auf Kriegsdienstverweigerung (1960), über Bundeswehreinsätze im Ausland (1994), das Kopftuchurteil (2003), das Urteil zur Vorratsdatenspeicherung (2010) oder das zur Griechenlandrettung (2011).

Die Verhandlungen und Urteilsverkündungen des Bundesverfassungsgerichts sind öffentlich. Wegen der begrenzten Anzahl von Plätzen im Sitzungssaal ist eine vorherige Anmeldung beim Besucherdienst erforderlich (Infos dazu S. 130).

Zwischen Gericht und Schloss gelangen wir in den **Botanischen Garten**, ein kleines Juwel unter den Garten- und Parkanlagen der Stadt. Für viele ist dieses bezaubernde Ensemble aus blühenden Pflanzen und exotischen Bäumen, tropischen Gewächshäusern, Pavillons, versteckten Ruhebänken, Sphinxskulpturen und Wasserteichen einer der schönsten Rückzugsorte in Karlsruhe. Der sehr intime Charakter unterscheidet den Botanischen Garten vom weiträumigen Schlosspark. Der Botaniker Carl Christian Gmelin legte den Garten Ende des 18. Jahrhunderts für Großherzog Karl Friedrich an und brachte dafür Pflanzen aus Italien und Frankreich mit. Die Zucht war sehr erfolgreich: Aus den zunächst 4000 Pflanzen,

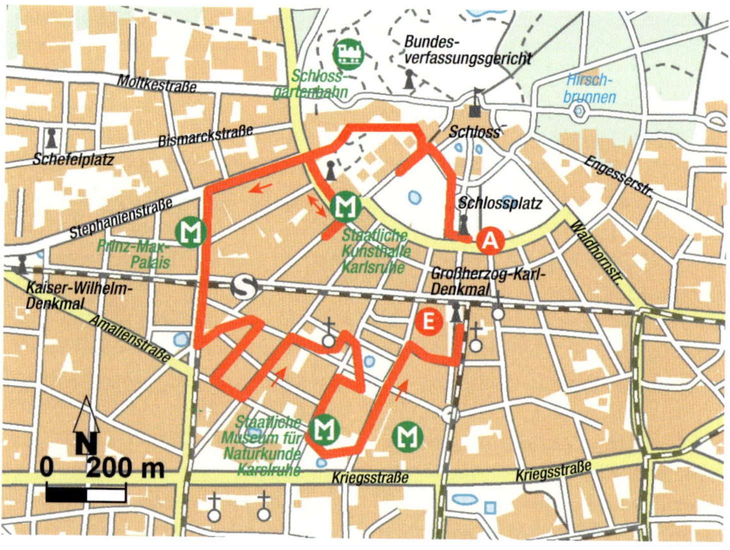

Der Botanische Garten ist ein kleines Juwel in der Innenstadt.

die den Garten verschönerten, wurden im 19. Jahrhundert 40 000. Weil die Gewächshäuser dafür nicht mehr ausreichten, ließ Großherzog Friedrich den Garten großzügig umgestalten.

Heinrich Hübsch baute in den Jahren 1853–1856 die **Orangerie** mit der hohen Kuppel, die auch für Festlichkeiten genutzt wurde und heute Teil der Staatlichen Kunsthalle ist. Richtung Schloss fügte er die **Pflanzenschauhäuser** an – heute das Kakteen-, Palmen- und Orchideenhaus (Infos dazu S. 168). Im Kakteenhaus kann man die stacheligen Wüstengewächse in unterschiedlichster Größe bewundern – von den 70 Zentimeter großen Kugelkakteen bis zu den riesigen Säulenkakteen, die sechs Meter hoch werden können. Bei tropischen Temperaturen wachsen im Palmenhaus die Dattelpalme, die Howea-Palme, die Zwergpalme und andere mehr. Der Riesenbambus kann bis zu 40 Zentimeter am Tag in die Höhe schießen. Im Tropenhaus gedeihen bei Temperaturen von 20 bis 22 Grad und einer Luftfeuchtigkeit von 80 bis 90 Prozent neben einer Vielzahl von Orchideenarten auch Ananasgewächse, die in Mittel- und Südamerika zu Hause sind. An die Gewächshäuser schließt sich ein aus Backstein erbautes Tor mit zwei markanten Rundtürmen an. Es stellt die Verbindung zum Schlossgarten her. Von dem ehemaligen Wintergarten, einem einst verglasten, eleganten, konkav geschwungenen Bau, ist nur mehr die schöne Eisenkonstruktion aus den Jahren 1870/71 erhalten, heute Pergola eines Restaurants.

Wenn wir den Garten zur Hans-Thoma-Straße hin verlassen, kommen wir links an das Portal der **Staatlichen Kunsthalle**. Heinrich Hübsch schuf hier in den Jahren 1837–1846 einen von der italienischen Renaissance inspirierten Museumsbau. Das Portal ist mit fünf allegorischen Reliefs der Künste geschmückt. Sehenswert ist in der Treppenhalle die Wandmalerei von Moritz von Schwind aus den Jahren 1841–1843, darunter das Bild »Die Einweihung des Freiburger Münsters«. Das Museum wurde 1896 von Josef Durm durch den Ostflügel erweitert, 1908 fügte Heinrich Amersbach den Nordflügel (Hans-Thoma-Museum) hinzu. Ein moderner Erweiterungsbau wurde 1990 abgeschlossen. Zum Museumskomplex gehört außerdem die Orangerie.

Die Staatliche Kunsthalle zählt zu den ältesten und renommiertesten Museen Deutschlands. Ihren Ruhm verdankt sie vor allem den über Jahrhunderte gewachsenen Sammlungen der badischen Markgrafen und Großherzöge sowie den aus ehemaligem Kirchenbesitz stammenden Beständen. Das Museum zeigt Kunst aus sieben Jahrhunderten, vor allem deutscher, französischer und niederländischer Meister (Infos dazu S. 132).

Dürer, Monet & Co

Im Hauptgebäude der Kunsthalle entfaltet sich die deutsche Malerei von der Gotik bis zum Ende des 19. Jahrhunderts. Zu den Hauptwerken altdeutscher Malerei gehören Matthias Grünewalds Kreuztragung und Kreuzigung des Tauberbischofsheimer Altars, eine Gruppe von Werken Lucas Cranachs – darunter die kleine Tafel der Maria mit dem Kinde – sowie Tafeln von Albrecht Dürer und Hans Baldung Grien. Ein weiterer Sammlungsschwerpunkt liegt bei der niederländischen Malerei des 16. bis 18. Jahrhunderts. Zu den besonderen Schätzen gehören hier das Selbstbildnis Rembrandts und die repräsentativen Porträts Peter Paul Rubens'.

Die der französischen Kultur sehr zugetane Markgräfin Karoline Luise (1723–1783) legte mit ihren Ankäufen den Grundstock für die herausragende Sammlung französischer Meister des 17. und 18. Jahrhunderts. Neben Gemälden mit religiösen Themen von Claude Lorrain und Nicolas Poussin finden sich eigenwillige Genrebilder der Brüder Le Nain und Galanterien von Nicolas Lancret und François Boucher. Ebenfalls sehr reichhaltig vertreten ist die französische Kunst des 19. Jahrhunderts. Plastische Werke von Honoré Daumier und Auguste Rodin stehen neben bahnbrechenden Arbeiten der Impressionisten, etwa von Claude Monet, Edgar Degas, Auguste Renoir, Camille Pissarro und Alfred Sisley. Ein weiterer Schwerpunkt ist die deutsche Malerei des 19. Jahrhunderts mit zahlreichen Werken von Künstlern, die an der Karlsruher Kunstakademie gelehrt oder studiert haben, so etwa von Anselm Feuerbach, Ferdinand Keller, Hans Thoma oder Johann Wilhelm Schirmer, dem Meister der Naturstudien.

Die Orangerie beherbergt heute moderne Kunst.

Mit rund 100 000 Blättern ist das **Kupferstichkabinett** eine der ältesten und umfangreichsten Grafiksammlungen in Europa. Unter dem Titel »Das besondere Blatt« wird jeweils für drei Monate ein Werk im Vorlegesaal der Öffentlichkeit präsentiert. In der **Orangerie** ist eine qualitativ hochwertige Auswahl an internationalen Werken des 20. Jahrhunderts untergebracht: von Kandinsky, Marc, Nolde, Dix und Klee bis zu Richter oder Antes. In der ehemaligen Villa des Gartendirektors zwischen Hauptgebäude und Orangerie hat die 2009 eröffnete **Junge Kunsthalle** ihren Sitz, die aus dem seit 1973 bestehenden Kinder- und Jugendmuseum, einem der ältesten seiner Art, hervorgegangen ist.

An der Kunsthalle kreuzt die vom Schloss ausgehende Waldstraße den Zirkel. Schräg gegenüber befindet sich in einem neobarocken, von Friedrich Ratzel (1889–1907) im Jahr 1900 errichteten roten Sandsteinbau der **Badische Kunstverein**. Mit bis zu zehn Ausstellungen im Jahr informiert der 1818 gegründete Verein über aktuelle Entwicklungen der bildenden Kunst. Ergänzend werden Vorträge, Filmprogramme und Künstlergespräche veranstaltet. Für Kunstinteressierte werden auch regelmäßig Führungen zu aktuellen Ausstellungen angeboten (Infos dazu S. 134). Im Erdgeschoss des Kunstverein-Gebäudes befindet sich das im Retro-Stil der 1950er-Jahre gestaltete beliebte »Café Rih«.

Durch den Ankauf von Werken und mit Ausstellungen versuchte der Kunstverein – einer der ältesten Deutschlands – neben Hof und Kirche eine Mäzenatenrolle zu übernehmen. Er hatte auch den Mut, sich gegen den herrschenden Publikumsgeschmack zu stellen: Mit der Ausstellung »Neue Kunstvereinigung München«, bei der unter anderem Werke von Georges Braque, Pablo Picasso und Wassily Kandinsky gezeigt wurden, löste er 1909 einen Skandal aus.

Geht man ein paar Schritte weiter nach rechts in die **Waldstraße**, trifft man auf einige der ältesten Häuser Karlsruhes. Das eingeschossige Haus Nr. 17, in dem sich viele Jahre lang ein Antiquariat befand, stammt in seinem Kern aus dem Jahr 1718 und ist damit das älteste Haus der Stadt. Weitere, allerdings im Laufe der Zeit etwas veränderte Modellhäuser aus der Gründerzeit der Stadt sind die Nr. 7 und Nr. 5.

Zurück in der Hans-Thoma-Straße sehen wir gegenüber der Kunsthalle das 1781 erbaute **Schwedenpalais**, das in den Jahren 1813 bis 1826 Wohnsitz der entthronten Königin Friederike von Schweden war. Links biegen wir in die **Stephanienstraße** ein, die in weiten Teilen ihren authentischen Charakter aus der Weinbrenner-Zeit bewahrt hat.

Bauvorschriften

Wer glaubt, dass Bauvorschriften Erfindungen unserer Zeit sind, der irrt. In der Planstadt Karlsruhe gab es schon vor über 250 Jahren genaue Vorgaben für den Bau neuer Häuser. Zunächst durfte nur einstöckig gebaut werden – mit Ausnahme der Ministerien am Zirkel, des Rathauses und des Gymnasiums (später Lyzeum) am Marktplatz. Nach der Bauvorschrift von 1752 sollten dann alle Gebäude zweistöckig sein, an die Stelle des Mansardendachs trat das Satteldach, und zwar mit Gauben und überstehenden Traufen. Weinbrenner entwarf dann zwei-, drei- und sogar viergeschossige private Modellhäuser, deren Fassaden aus Stein sein mussten.

Die Modellhäuser in der Stephanienstraße entstanden zwischen 1826 und 1836. Sie sind zweistöckig, manche sparsam mit einem Fries aus Ornamenten geschmückt, auf jeden Fall aber haben sie die typischen runden Tordurchfahrten. Ein besonders schönes Beispiel für ein adliges Stadthaus ist die Nr. 14, das Palais Munck, das sich außer durch die klassizistischen Ornamente auch durch einen schönen Balkon auszeichnet. Das Nachbarhaus Nr. 16 ist das Scheffelpalais. Hier starb der Dichter Joseph Victor von Scheffel (»Der Trompeter von Säckingen«) im Jahr 1886.

Wo die Karlstraße auf die Stephanienstraße trifft, sehen wir die **Staatliche Münze**. Dieses letzte Bauwerk Friedrich Weinbrenners wurde 1826 von Friedrich Theodor Fischer vollendet. Der Mittelteil des harmonisch gegliederten Baus schließt mit einem durchbrochenen Dreiecksgiebel ab. Ein besonderer Blickfang ist der Säulenbalkon über

Früher Industriellenresidenz, heute Stadtmuseum: das Prinz-Max-Palais.

dem Portal. Im Giebel verweist ein Eichenkranz mit dem Initial L auf den Gründer der Münze, Großherzog Ludwig. In den Flügelbauten wohnten einst Münzmeister und Mechaniker. 1827 wurden hier in der Münzstätte die ersten Münzen mit Reingoldgehalt geprägt, aber schon Stadtgründer Karl Wilhelm hatte eigene Münzen prägen lassen. Karlsruhe ist heute eine von fünf Prägestätten in Deutschland, und alle Euro- und Centmünzen, die den winzigen Buchstaben G tragen, stammen von hier.

Biegt man in die Karlstraße, stößt man rechter Hand auf das **Prinz-Max-Palais**. Josef Durm baute das Palais in den Jahren 1881–1884 als Alterssitz für den Unternehmer August Schmieder (1824–1897). Der zweite Bewohner und Namensgeber für das Palais war Prinz Max von Baden (1867–1929), Vetter des letzten badischen Großherzogs Friedrich II. und designierter Thronfolger, der letzte Kanzler des Deutschen Kaiserreichs. Später war im Prinz-Max-Palais unter anderem das Bundesverfassungsgericht untergebracht. Heute ist es Domizil des Stadtmuseums, der Literarischen Gesellschaft mit dem Museum für Literatur am Oberrhein (Infos dazu S. 132) und der Kinder- und Jugendbibliothek.

Die über 300-jährige Geschichte Karlsruhes wird im **Stadtmuseum** lebendig. Anhand von Architekturmodellen und ganzen Rauminszenierungen gibt es einen Überblick über die bauliche Entwicklung der Stadt und vermittelt eine plastische Vorstellung von früheren Wohnverhältnissen und Lebensbedingungen. So sind etwa Wohnzimmer aus

Das Karl-Drais-Denkmal in der Beiertheimer Allee.

der Biedermeier- und der Gründerzeit sowie den Wirtschaftswunderjahren nachgestellt. Ein besonderes Kleinod ist eine Original-Stadtapotheke aus der Weinbrenner-Epoche. Bedeutende Persönlichkeiten der Stadtgeschichte werden ebenso präsentiert wie kleine Leute, deren Biografien ein typisches Licht auf ihre Zeit werfen. Auch das vielleicht älteste Filmdokument zur deutschen Fußballgeschichte ist hier zu sehen, ein Film aus dem Jahr 1910 zeigt eine Partie zwischen den Vereinen Karlsruher FV und FC Phönix Karlsruhe. Fünf Medienstationen informieren über die Themen Menschenrechte und Demokratie, Planen und Bauen, Kultur und Innovation, Migration und Internationalität, Energie und Mobilität (Infos dazu S. 131).

Der Freiherr und sein Zweirad

Zu den besonderen Attraktionen des Museums gehört das Laufrad des Freiherrn Karl Drais von Sauerbronn (1785–1851). Es ist eine Holzkonstruktion mit zwei Holzrädern und einem Ledersattel, bei der man sich abwechselnd mit dem linken und rechten Fuß vom Pflaster abstoßen muss – Vorläufer unseres heutigen Fahrrads. Am 12. Juni 1817 fuhr der Karlsruher Forstbeamte mit diesem Laufrad von der Mannheimer Innenstadt sieben Kilometer bis zum Schwetzinger Relaishaus in Rheinau und wieder zurück. Es war die erste Fahrradfahrt der Geschichte. Einen Monat später absolvierte Drais mit seinem Aufsehen erregenden Laufrad den Gebirgsweg von Gernsbach nach Baden-Baden in nur einer Stunde. Prompt zeigte sich das »Badwochenblatt« beeindruckt von der »Schnelligkeit dieser sehr interessanten Fahrmaschine«.

Leider war Drais als Erinder besser denn als Kaufmann. Für die kommerzielle Nutzung seiner Laufmaschine erhielt er nur ein Patent für Baden, sodass im Ausland bald nicht lizenzierte Nachbauten auftauchten. In den USA und England wurde Drais' Erfindung bald ein Renner. Allerdings wurden nach mehreren schweren Unfällen die Laufmaschinen verboten.

Drais erfand noch viele andere Dinge wie etwa die Eisenbahn-Draisine mit Fußtrommelantrieb, die Schnellschreibmaschine und den Holzsparofen. Doch Erfolg hatte er damit nicht. Im Gegenteil, bei seinen Zeitgenossen stieß er auf Unverständnis und musste deren Spott ertragen. Hinzu kamen seine Alkoholkrankheit und Probleme wegen seiner demokratischen Gesinnung. Um ein Haar wäre er sogar entmündigt worden. Ein Amtsarzt nannte ihn einen »Halbnarren«. Verarmt und vergessen starb Drais 1851 in Karlsruhe. Heute ist er als einer der Pioniere moderner Mobilität voll rehabilitiert. Zum 200. Geburtstag des Fahrrads 2017 wurde Drais im großen Stil gewürdigt. An den Entdecker des Zweiradprinzips erinnern in Karlsruhe Rundgänge und Ausstellungen. An seinem einstigen Wohnhaus in der Zähringerstraße 61 ist eine Gedenktafel angebracht. In der Beiertheimer Allee steht ein Drais-Denkmal.

Vom Prinz-Max-Palais kommt man zum **Europaplatz**, einem der belebtesten, wenn auch nicht schönsten Plätze Karlsruhes. Im Jahre 2001 wurde hier im ehemaligen Hauptpostgebäude das Einkaufszentrum »Post Galerie« eröffnet. Dabei wurde der unter Denkmalschutz stehende neobarocke Bau von Wilhelm Walter (1850–1914) aus dem Jahr 1901 äußerlich nicht verändert. Im Innern aber entstand auf 26 000 Quadratmetern und sechs Geschossen ein »Shopping- und Erlebniscenter«. Bis zum Beginn des U-Bahnbaus stand auf dem Europaplatz vor der »Post Galerie«

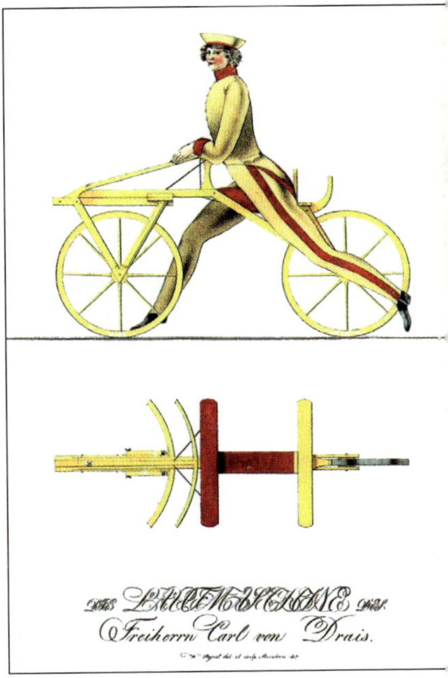

Beschreibung der Draisine (1817).

der hoch aufragende Pfeiler des Leibgrenadierdenkmals. Das Denkmal aus grauen Granitquadern mit einem bronzenen Greifen als Krönung wurde 1925 von Otto Gruber und Emil Valentin Gutmann geschaffen – als Erinnerung an die Gefallenen des badischen Leibgrenadier-Regiments Nr. 109. Der Greif wurde vorläufig im Garten des Prinz-Max-Palais aufgestellt, nach Abschluss der Bauarbeiten soll er wieder an seinen gewohnten Platz zurückkehren.

Der **Stephanplatz** hinter der »Post Galerie« ist einer der beliebtesten Marktplätze Karlsruhes, ab und zu werden hier auch Flohmärkte veranstaltet. Im Zuge der Neugestaltung des Postgebäudes wurde der Platz gründlich herausgeputzt. Obwohl sich inzwischen hier einige Straßencafés angesiedelt haben, wirkt der Stephanplatz doch – falls nicht gerade Markttag ist – vor allem im direkten Vergleich mit dem Ludwigsplatz groß und leer. Die eindrucksvolle Brunnenrotunde mit 14 Pfeilern schuf Hermann Billing im Jahr 1905. Im Wasserbecken steht eine Quellnymphe mit zwei Vasen in der Hand.

Buntes Marktleben auf dem Stephanplatz.

■ **Sehen und gesehen werden auf dem Ludwigsplatz.**

Karlsruher Köpfe

Besonders originell sind die wasserspeienden Köpfe an der Innenseite der Pfeiler. Während im Entwurf noch einheitliche bärtige Faunsgesichter vorgesehen waren, schuf Hermann Binz (1876–1946) dann tatsächlich fratzenhafte Gesichter stadtbekannter Persönlichkeiten, so unter anderem von Oberbürgermeister Karl Schnetzler, den Malern Ludwig Dill, Wilhelm Trübner und Hans Thoma sowie von Architekt Hermann Billing und sich selbst. Besonders gelungen ist die Persiflage auf Professor Reinhard Baumeister (man entdeckt den Kopf, wenn man in Richtung Waldstraße blickt). Der sittenstrenge Abgeordnete, der moralische Bedenken gegen das freizügige Brunnenprojekt geäußert hatte, wird von einer neckischen kleinen Nixe am Bart gezupft.

Über die Karlstraße hinweg gelangen wir zum **Ludwigsplatz**. Der aus zwei Dreiecken bestehende, mit Ulmen bepflanzte Platz ist mit seinen vielen Straßencafés an lauen Sommerabenden einer der beliebtesten Treffpunkte der Karlsruher – und auch vieler Auswärtiger. Klassiker wie das »Ludwigs« oder »Lehner's Wirtshaus« tragen zum besonderen Ambiente dieses Platzes bei. Sehen und gesehen werden ist hier die Devise. Am Ludwigsplatz haben sich noch Häuser aus der Weinbrenner-Zeit erhalten. Zudem beeindruckt das in den Jahren 1914–1916 erbaute blaue Haus, in dem sich die Gaststätte »Enchilada« befindet, durch seine reich gestaltete Fassade – besonders schön die Medaillons mit den Kopfreliefs aus der Majolika-Manufaktur. Auf dem Ludwigsplatz steht auch einer der

Das römische Pantheon stand Pate für die Pfarrkirche St. Stephan.

letzten noch erhaltenen Weinbrenner-Brunnen. Er wurde als Marktbrunnen in gotischen Formen 1822 gebaut, nachdem die Wasserleitung von Durlach nach Karlsruhe eröffnet worden war und am Ludwigsplatz dreimal die Woche Markt abgehalten wurde.

Folgt man der Erbprinzenstraße nach rechts, geht dann nach rechts durch die Bürgerstraße und wendet sich an deren Ende nach links, gelangt man zum **Bundesgerichtshof (BGH)**. Er befindet sich im ehemaligen Erbgroßherzoglichen Palais, das in den 1890er-Jahren von Josef Durm im neobarocken Stil erbaut wurde. Der mit reichem Skulpturenschmuck versehene Bau trägt auf seinem Kuppeldach eine Krone. Das Palais mit seinen 60 Zimmern blieb lange unbewohnt, bis im Jahr 1903 Großherzog Friedrich hier einzog. Seit 1950 ist es Sitz des Bundesgerichtshofs, der höchsten richterlichen Instanz Deutschlands in Zivil- und Strafprozessen. Bis auf wenige Ausnahmen ist der Bundesgerichtshof Revisionsgericht. Das heißt, er überprüft die rechtliche Beurteilung eines Falles durch vorhergehende Instanzen. Am Bundesgerichtshof arbeiten 128 Richter in zwölf Zivil-, fünf Straf- und acht Spezialsenaten. Das Haupthaus ergänzt seit 2003 ein eleganter, dreiflügeliger Erweiterungsbau aus hellem römischem Travertin. Hier ist unter anderem die größte deutsche Gerichtsbibliothek untergebracht.

Der Bundesgerichtshof ist nur zu besonderen Anlässen öffentlich zugänglich. Juristisch Interessierten sei das **Rechtshistorische Museum Karlsruhe** empfohlen. Es gibt einen Überblick über die Geschichte des Rechts von Babylon bis heute (Infos dazu S. 133).

Auf der Herrenstraße Richtung Schloss gehen wir zur Erbprinzenstraße zurück. Hier liegt die Stephanskirche. Für viele ist sie das genialste Bauwerk Friedrich Weinbrenners. Für die katholische Pfarrkirche **St. Stephan** (1808–1814) stand einmal mehr die Antike Modell: Vorbild ist das römische Pantheon. Die Kombination des Rundbaus mit den vier kurzen Seitenschiffen ergibt als Grundriss ein griechisches Kreuz. Der 63 Meter hohe Kirchturm war in Weinbrenners Konzeption ursprünglich gar nicht vorgesehen, er war eine Konzession an die katholische Gemeinde. Nicht ausgeführt wurden die Säulenarkaden und vier Eckbauten, die den Platz umfassen sollten. Die ursprüngliche Holzkonstruktion der Kuppel wurde beim Wiederaufbau nach dem Zweiten Weltkrieg durch Stahlbetonsegmente ersetzt. Dadurch ist der Innenraum acht Meter höher geworden. Der Haupteingang wird von einer achtsäuligen Vorhalle mit toskanischen Kapitellen umrahmt.

Das Innere der Kirche lohnt wegen einiger Kunstwerke einen Besuch. In der Kapelle neben dem Chor befindet sich ein Relief der Heiligen Dreifaltigkeit des Konstanzer Bildhauers Hans Morinck aus der Zeit um 1600. Ein Teppichtriptychon von Emil Wachter aus dem Jahr 1963 hängt hinter dem Hochaltar. Die Kreuzwegstationen stammen von Emil Sutor (1960) und die Bronzereliefs am Hauptaltar von Alfred Erhart (1958/59). 2011/12 wurde der Innenraum saniert und komplett neu gestaltet. Die kreisförmig angeordneten Bänke rund um Altar und Taufstein, die auf einer Insel das Zentrum des Gotteshauses bilden, stehen sinnbildlich für ein zeitgemäßes Verständnis von gelebter Gemeinschaft im Gottesdienst. Der Platz vor der Kirche ist seit seiner Neugestaltung im Jahr 2005 mit Spielplatz und Wasserspielen ein lebendiger Treffpunkt im Herzen der Stadt.

An der Erbprinzenstraße gegenüber St. Stephan befindet sich die **Badische Landesbibliothek**. Ihre Ursprünge gehen bis in die Zeit um 1500 zurück. Heute verfügt die Badische Landesbibliothek über einen Bestand von 2,5 Millionen Büchern und Medien aller Fachgebiete. Dazu kommen Datenbanken und elektronische Zeitschriften. Die Zahl der Benutzer liegt bei etwa 30 000 im Jahr (Infos dazu S. 138).

Alte Bücher in neuen Gemäuern

Die bedeutende Sammlung von rund 4000 Handschriften enthält Kostbarkeiten wie das Speyerer Evangelistar von 1197, die wichtigste Nibelungen-Handschrift, das Waltharilied und die Bonifatiusbriefe aus dem Kloster Hirsau. Der umfangreiche Fundus der Landesbibliothek umfasst auch die wertvolle Bibliothek des Humanisten Johann Reuchlin von 1522 sowie

Nachlässe und Sammlungen von badischen Autoren wie Philipp Melanchthon, Hans Jakob Christoffel Grimmelshausen und Johann Peter Hebel sowie die Fürstenbergische Sammlung.

Das Bibliotheksgebäude des Kölner Architekten Oswald Mathias Ungers (1926–2007) wurde 1991 eröffnet. Ungers bezieht sich mit seiner Architektur klar auf die gegenüberliegende dominierende Stephanskirche. Er benutzt Weinbrenners Vokabular – etwa den Pantheonraum, die Giebelteilung der Kirche, die Arkaden – und stellt es in einen neuen Zusammenhang. Die Landesbibliothek ist als geometrisch strenger Baublock konzipiert, der einen begrünten Innenhof umschließt. Um den Innenhof legt sich wiederum eine Arkade. Der Lesesaal als Zentrum der Bibliothek und des enzyklopädischen Wissens wird von einer kuppelförmigen Halbkugel – Abbild des Weinbrenner'schen Pantheonbaus – gekrönt. 2012 wurde mit dem »Wissenstor« das neue Lehr- und Lernzentrum der Badischen Landesbibliothek eröffnet.

Auf der anderen Seite von St. Stephan war früher das **Ständehaus**, das im Zweiten Weltkrieg zerstört wurde. In dem von dem Weinbrenner-Schüler Friedrich Arnold (1786–1854) errichteten Haus fand 1822 die erste Sitzung des badischen Landtags statt. Die Debatten im Karlsruher Ständehaus, etwa über die Pressefreiheit, fanden weit über die Grenzen Badens hinaus Beachtung. Das badische Parlament tagte dort über 100 Jahre bis zur nationalsozialistischen Machtergreifung 1933. Als ältestes Parlamentsgebäude Deutschlands war das Ständehaus ein Baudenkmal

Hort des Wissens: Die Badische Landesbibliothek.

von außerordentlicher historischer Bedeutung, ein Symbol für die Demokratie in Deutschland. Umso bedauerlicher ist es, dass es nach seiner Zerstörung 1944 nicht wiederaufgebaut wurde.

1993 wurde anlässlich des 175-jährigen Jubiläums der badischen Verfassung von 1818 an seiner Stelle das **Neue Ständehaus mit Stadtbibliothek** eröffnet. An das alte Ständehaus erinnert die Eckrotunde am Friedrichsplatz. Zum Gedenken an das historische Parlamentsgebäude wurde eine **Erinnerungsstätte Ständehaus** eingerichtet. Sie ist der badischen Demokratie und dem Parlamentarismus gewidmet. Von A bis Z – Adelsedikt bis Zweite Kammer – lassen sich hier wie in einem Lexikon Biografien von Politikern, historische Orte und Sachbegriffe abfragen. Film- und Redeausschnitte geben eine anschauliche Vorstellung von wichtigen Debatten und Ereignissen deutscher Demokratiegeschichte. Ein Modell des ehemaligen Ständehauses erlaubt einen Einblick in den Sitzungssaal der damaligen Zweiten Kammer des Parlaments (Infos dazu S. 132).

Wir sind am schönen, großzügig gestalteten Friedrichsplatz. Er wird im Süden vom Neorenaissance-Bau des **Staatlichen Museums für Naturkunde** dominiert. Joseph Berckmüller (1800–1879), ein Weinbrenner-Schüler, errichtete das imposante Gebäude in den Jahren 1866–1872 für die Großherzogliche Sammlung sowie die Hof- und Landesbibliothek. Im Zweiten Weltkrieg zerstört, dauerte der Wiederaufbau bis 1972. Der nach dem Krieg nur notdürftig wiederhergestellte Westflügel wurde zwischen 2013 und 2016 umgebaut, womit sich die Ausstellungsfläche des Museums um 1200 Quadratmeter vergrößerte (Infos dazu S. 132).

Die neugierige Gräfin

Das Naturkundemuseum geht auf das berühmte Naturalienkabinett der Markgräfin Karoline Luise von Baden (1723–1783) zurück. Schon als junges Mädchen hatte Karoline Luise, Prinzessin von Hessen-Darmstadt, neben ihrer Leidenschaft für die Kunst ein lebhaftes Interesse für Naturwissenschaften gezeigt. Ihre wissenschaftlichen Studien setzte die hochgebildete Frau nach ihrer Heirat mit Markgraf Karl Friedrich auch in Karlsruhe fort. Zwischen 1752 und 1783 legte sie somit den Grundstock für die Naturaliensammlung, die 1785 erstmals als Museum den Bürgern zugänglich gemacht wurde. Karlsruhe besitzt damit eines der ältesten wissenschaftlich geführten Naturkundemuseen Deutschlands.

Den Besucher erwartet auf 4000 Quadratmetern eine faszinierende Reise durch die Natur- und Erdgeschichte, angefangen von der Entstehung der Erde über die

Entwicklung erster Tiere vor etwa 540 Millionen Jahren bis zur heutigen vielfältigen Tier- und Pflanzenwelt. Gleich im zentralen Lichthof beeindruckt ein riesiger Flugsaurier, wie er vor etwa 65 Millionen Jahren in Europa lebte. Besonderer Anziehungspunkt im Erdgeschoss ist ein Vivarium. Fische und Meerestiere in allen denkbaren Formen und Farben ziehen hier in Aquarien ihre Bahn, so etwa der rhombenartig geformte Nagelrochen oder die sich durchs Wasser schlängelnde gepunktete Netzmuräne. Höhepunkt ist ein Riesenaquarium im hinteren Saal, das eine tropische Meereswelt nachempfindet und einem Hai eine Heimat bietet. In Terrarien kann man australische Süßwasserkrokodile, Schildkröten und eine giftige Vogelspinne beobachten.

Hauptattraktionen im Geologie-Saal sind ein begehbarer Vulkan und ein Erdbebensimulator, auf dem man sich durchrütteln lassen kann, um die Stärken verschiedener historischer Erdbeben nachzuempfinden, etwa das Beben im japanischen Kobe 1995 oder das von Albstadt 1987. Zahlreich sind die Fossilienfunde aus Südbaden (Höwenegg), so etwa die 11 Millionen Jahre alten Skelette eines Säbelzahntigers und eines Riesenfaultiers oder die Fossilien von Urpferden. Der Insektenschau im ersten Stock schließen sich Räume mit präparierten Tieren an – von den Löwen in den afrikanischen Savannen bis zu den Eisbären in der Arktis, natürlich sind auch heimische Säugetiere und Vögel zu sehen. Besonders beeindruckend sind die riesigen Walskelette, die aus der peruanischen Küstenwüste stammen.

Wir verlassen den Platz mit der Ritterstraße bei der Landesbibliothek, an die sich der Jugendstilbau des Evangelischen Oberkirchenrates anschließt. Hinter dem Naturkundemuseum liegt der **Nymphengarten**. Auch in seiner heutigen reduzierten Form und mit der störenden Geräuschkulisse der Kriegsstraße im Hintergrund bezaubert er noch immer mit seinem verwunschenen Charme. Findlingsblöcke unter schattigen Bäumen, die Ruinen eines ehemaligen Schlösschens, eine anmutige Nymphengruppe – der Park bildet einen starken Kontrast zur aufgeräumten, klar abgezirkelten Grünanlage auf dem Friedrichsplatz vor dem Museum.

Ruinen im Park

Der Nymphengarten wurde als englischer, also naturnaher Garten konzipiert. Erbprinz Karl Ludwig ließ ihn zu Beginn des 19. Jahrhunderts von Johann Michael Schweickardt und Friedrich Weinbrenner anlegen. Der damalige Erbprinzengarten, zu dem auch ein kleines Eichenwäldchen gehörte, war ein Gesamtkunstwerk, eine romantische Inszenierung, von der der heutige Nymphengarten nur noch eine schwache Vorstellung gibt. Zwei untergegangene Bau-

Eine Schatztruhe für naturbegeisterte Besucher: das Naturkundemuseum.

ten, der Gotische Turm, im Volksmund auch »Mäuseturm« genannt, und das von Weinbrenner erbaute Amalienschlösschen schmückten damals den Park. Heute tragen die Mauerreste zur verträumten Atmosphäre des Nymphengartens bei. Auch Zarin Elisabeth von Russland, Tochter des Erbprinzen Karl Ludwig und dessen Frau Amalie, liebte diesen intimen Park, wie eine Inschrift aus dem Jahr 1814 zeigt, als die Zarin in ihre badische Heimat zurückkehrte: »Du kleiner Ort, wo ich das erste Licht gesogen, den ersten Schmerz, die erste Lust empfand, sei immerhin unscheinbar unbekannt, mein Herz bleibt ewig doch vor allen Dir gewogen, führt überall nach Dir sich heimlich hingezogen, fühlt selbst im Paradies sich doch aus Dir verbannt.«

Die Nymphengruppe löste zur Zeit ihrer Entstehung Ende des 19. Jahrhunderts viel Wirbel aus. Streit gab es vor allem um die Nacktheit der Nymphen. Diese gehörten nach Ansicht mancher Kritiker nicht in einen öffentlichen Park, sondern in einen Privatgarten, wo »im Allgemeinen der geläuterte Geschmack vorausgesetzt werden darf«. Die Nymphen standen damals in einem See. Eine künstliche Kraterlandschaft unter hohen Eichen sorgte für eine dramatische Kulisse, die der Umgestaltung Anfang der 1960er-Jahre zum Opfer gefallen ist.

An der Lammstraße gehen wir zurück zum Friedrichsplatz und ein kleines Stück weiter Richtung Rathausturm und erreichen vor ihm über die Hebelstraße den Marktplatz.

TOUR 4 VON DER NEUEN KUNST ZUR GRÜNEN OASE

Durch die Südweststadt

Tourbeginn: *Stephanplatz*

Tourende: *Weinbrennerplatz*

Haltestellen des öffentlichen Verkehrs: *Europaplatz, Otto-Sachs-Straße, Arbeitsagentur, ZKM, Europahalle, Weinbrennerplatz*

Tourenlänge: *circa 5 Kilometer*

Höhenunterschiede: *circa 25 Meter*

Einkehrmöglichkeiten: *Waldstraße, ZKM*

Am Stephanplatz lockt die südliche Waldstraße als hübsche Einkaufsstraße mit eleganten Boutiquen und Restaurants. Unser Weg führt an ihrem Ende rechts und gleich wieder links im Zug der Hirschstraße über die Kriegsstraße und in die Südweststadt. Dieses Stadtviertel entwickelte sich ab den 1880er-Jahren und ist zum großen Teil rasterförmig angelegt, nur selten durchbrechen kurvige Straßen wie etwa die Boeckhstraße dieses Muster. Die sehr einheitliche Bauweise verstärkt den Eindruck einer gepflegten Gleichförmigkeit. Häuser und Gärten sind herausgeputzt, das attraktive Wohnviertel strahlt einen gewissen Wohlstand und eine gediegene Bürgerlichkeit aus. Das Wahrzeichen der Südweststadt ist die Hirschbrücke. Wir erreichen sie nach einem leichten Anstieg der Hirschstraße.

Die Existenz der **Hirschbrücke** ist nur zu verstehen, wenn man weiß, dass Ende des 19. Jahrhunderts noch die Eisenbahn auf der Trasse der heutigen Straßenbahn durch die Mathy- und durch die Jollystraße fuhr. Die Bahn verband Karlsruhe mit Mannheim über Eggenstein und mit Maxau. Als man 1883 beschloss, die Hirschstraße nach Süden hin zu verlängern, wurde eine Brücke zur Überspannung der Trasse nötig. 1891 war die Hirschbrücke nach einem Entwurf von Hermann Schück fertiggestellt. Mit ihren gusseisernen Säulen und Geländern bringt sie einen Hauch von Pariser Flair in die Südweststadt. Dieses Symbol des Eisenzeitalters erhält seinen besonderen Reiz durch den Kontrast der fein gearbeiteten gusseisernen Teile mit den

Die Hirschbrücke ist das Wahrzeichen der Südweststadt.

beiden kompakten Stützmauern aus rotem Sandstein in der Mitte der Brücke. Im Norden und Süden wird die Hirschbrücke von mächtigen Sandsteinmauern mit Treppenaufgängen abgeschlossen.

Wir gehen die vordere Treppe der Hirschbrücke zur Mathystraße hinunter und folgen dieser rechts bis zur Otto-Sachs-Straße, in die wir nach rechts einbiegen. An der Ecke zur Gartenstraße steht links das ehemalige Wasserwerksgebäude, das 1871 mit der zentralen Wasserversorgung der Stadt fertiggestellt wurde. Später wurde es als Stadtarchiv genutzt.

Der Badische Frauenverein

Der ganze Gebäudekomplex auf der rechten Seite der kurzen Otto-Sachs-Straße sowie die anschließenden Häuser in der Gartenstraße gehörten früher dem Badischen Frauenverein. Der Verein war 1859 auf Initiative der Großherzogin Luise gegründet worden und wurde zu einer wichtigen Sozialeinrichtung. Er widmete sich der Krankenpflege, Armenfürsorge und der Ausbildung von Krankenschwestern. Vor allem Frauen aus dem gehobenen Bürgertum und dem Adel bot der Frauenverein, der keinesfalls zu emanzipatorisch auftreten wollte, ein Betätigungsfeld. Allein in Karlsruhe hatte der Badische Frauenverein 1890 schon 500 Mitglieder, 1908 waren es mehr als 75 000 in ganz Baden. 1937 wurde der Verein von den Nationalsozialisten aufgelöst. Das Friedrichstift in der Otto-Sachs-Straße wurde 1883 von Großherzogin Luise gegründet. Hier fanden unverheiratete Frauen und Witwen aus den höheren

Schichten eine angemessene Unterkunft. Die Zwei- bis Drei-Zimmer-Wohnungen waren ständig belegt. Jungen Mädchen aus der Mittelschicht, die damals nur wenige Berufsmöglichkeiten hatten, gab man gleichzeitig in der angegliederten Haushaltsschule eine Ausbildung zur Krankenschwester, Kinderschwester oder Haushälterin.

Wir wenden uns nach links und überqueren die große Straßenkreuzung Garten-/Jolly-/Brauerstraße, um auf dem Boulevard weiterzugehen. In den 1990er-Jahren ist das gesamte Areal zwischen Brauer- und Lorenzstraße umgestaltet worden. Neben einem Museumskomplex entstand eine Reihe von Neubauten, die das Gesicht dieses Viertels völlig veränderten. Unter anderem wurden hier die Bundesagentur für Arbeit, die Bundesanwaltschaft und der Filmpalast am ZKM errichtet. Die **Bundesanwaltschaft**, Sitz des Generalbundesanwalts, ist seit 1998 in dem festungsartigen Bau von Oswald Mathias Ungers untergebracht: Ein schneeweißer, halbkreisförmig geschnittener, kompakter Baukörper liegt hinter einer

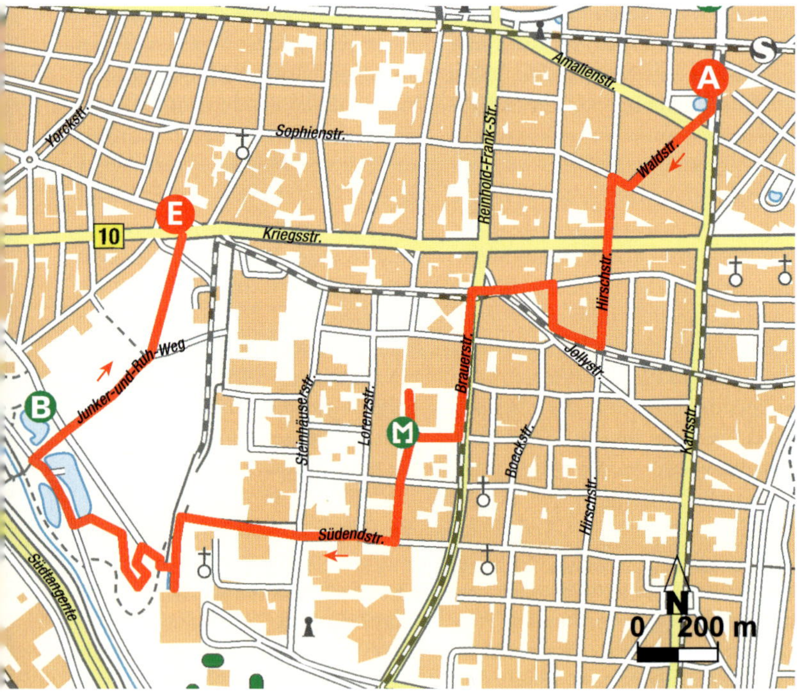

Architektur mit sprödem Charme: Die Bundesanwaltschaft.

5,40 Meter hohen, ebenfalls weißen Umfassungsmauer, in die kleine Fenster wie Schießscharten eingebaut sind. Der Festungscharakter hat seine Ursache in den Anschlägen der Roten Armee Fraktion (RAF) während der 1970er- und 1980er-Jahre. Ungers sah sein Werk dagegen als modernes Stadtpalais – aber es ist ein Palais mit sprödem Charme.

Zwischen Bundesanwaltschaft und Filmpalast öffnet sich der Vorplatz für das größte Kulturzentrum Karlsruhes. Eine gigantische ehemalige Fabrikhalle beherbergt mehrere Museen – Städtische Galerie, ZKM-Medienmuseum und Museum für Neue Kunst – sowie das Zentrum für Medien (ZKM) als Forschungs-, Entwicklungs- und Vermittlungseinrichtung und die Hochschule für Gestaltung.

Ein Besuch des Kunstzentrums lohnt sich auch wegen der einmaligen Architektur der ehemaligen Munitionsfabrik. Zunächst einmal überwältigt den Betrachter schon die schiere Größe des Baus – über eine Länge von 312 Metern reihen sich zehn Lichthöfe aneinander. Die Fassade ist ziemlich schlicht gehalten, gegliedert nur durch sechs vorspringende Gebäudeteile, die die endlosen Fensterreihen auflockern. Im Gegensatz zum Äußeren wirkt das Innere geradezu pompös – die hohen lichten Hallen, die kaum durch Mauern unterbrochen werden, die umlaufenden Galerien, die immer wieder Durchblicke ermöglichen, und die filigran wirkenden Betonstreben schaffen einen fast kathedralenartigen Charakter. Alles in allem ist den Architekten Schweger und Partner bei ihrem Umbau in den Jahren 1995 bis 1997 ein behutsamer Umgang mit dem Industriedenkmal zu bescheinigen. Auch die Verbindung zwischen Alt und Neu ist geglückt. Der vorgelagerte gläserne blaue Kubus, in dem sich das Tonstudio des ZKM-Instituts für Musik und Akustik befindet, ist längst zu einer Art Emblem geworden.

Von der Munitionsfabrik zum Musentempel

Als Philipp Jacob Manz in den Jahren 1915 bis 1918 das Fabrikgebäude schuf, war es eines der ersten Beispiele des Betonskelettbaus. Der Stuttgarter Architekt gehörte zu den Pionieren moderner Industriearchitektur. Die Hallen sollten »groß, unverstellt und ohne Abtrennung durch Einbauten sein« (Peter Behrens). Die Lichthöfe, die heute für den Besucher einen besonderen Reiz darstellen, hatten funktionalen Charakter: Für die Produktion der Patronenhülsen brauchte man so viel Licht wie möglich.

Das heutige Kunstzentrum war nämlich einmal eine der größten Waffenschmieden des Deutschen Reichs. Schon 1872 hatte der Ingenieur Wilhelm Lorenz auf dem damals noch außerhalb der Stadt gelegenen Gelände Patronen hergestellt. 1889 verkaufte er seine Fabrik an die Deutsche Waffen- und Munitionsfabriken AG (DWM) in Berlin. Im Ersten Weltkrieg erlebte die Munitionsfabrik einen großen Aufschwung, sodass ein Neubau

Das Zentrum für Kunst und Medien.

notwendig wurde. Der riesige Hallenbau A wurde allerdings erst im letzten Kriegsjahr fertig. Hochkonjunktur herrschte in der Munitionsfabrik im Zweiten Weltkrieg. 1944 wurden hier 2,5 Millionen Patronen im Monat, dazu Geschütze, Maschinenteile und anderes produziert, meist von ausländischen Zwangsarbeitern. Dieses finstere Kapitel ist erst sehr spät aufgearbeitet worden. Am Haupteingang des ZKM erinnert heute eine Tafel an die wenig rühmliche Vergangenheit des Hauses. Merkwürdigerweise überlebte die riesige Waffenfabrik fast unversehrt den Bombenkrieg.

Bis 1978 produzierte das sich jetzt Industriewerke Karlsruhe-Augsburg (IWKA) nennende Unternehmen an der Lorenzstraße, dann verlegte man den Standort ins Umland. Die Stadt Karlsruhe fand nach der Stilllegung des Fabrikbetriebes und diversen Übergangslösungen schließlich mit dem ZKM einen idealen Nutzer für das monumentale, unter Denkmalschutz stehende Gebäude.

Theoretisch könnte man sich tagelang in dem 1997 eröffneten riesigen Museumsbau aufhalten, die meisten werden aber wahrscheinlich schon aus Zeitmangel eine Auswahl treffen müssen. Ein Überblick mag die Wahl erleichtern.

Wir beginnen unsere Besichtigung mit dem 1989 gegründeten **Zentrum für Kunst und Medien (ZKM)**, das hinter dem blauen Kubus insgesamt vier von zehn Lichthöfen des Bauwerks einnimmt. Das ZKM (Infos dazu S. 132) ist in seiner Mischung aus Museen, Dokumentations-, Produktions- und Forschungsstätten eine einzigartige Kulturinstitution. Künstler, Informatiker und Wissenschaftler setzen sich hier mit neuen Kommunikationstechnologien auseinander und kreieren multimediale Kunstwerke – das können interaktive Installationen im Medienmuseum sein, digitale Werke und Internet-Produktionen, aber auch Inszenierungen für das Medientheater oder Konzerte für das Tonstudio im Kubus.

Der größte Anziehungspunkt für Besucher ist sicherlich das **ZKM-Medienmuseum.** Denn hier kann jeder mitmachen. Viele Medienkunstwerke erwachen erst durch die Mitwirkung des Besuchers zum Leben: Sie fangen an zu sprechen, setzen sich in Bewegung, verändern ihre Gestalt. Das Medienmuseum ist unterhaltsam, spielerisch, aber immer auch hinterfragend. Die mehr als 150 bisher gezeigten Ausstellungen beleuchteten nicht nur Historie und Entwicklung der neuen Technologien, der Medien- und Netzkunst, sondern setzten sich auch mit kritischen Aspekten der Digitalisierung wie etwa der Zensur und Überwachung auseinander.

Die nördlichsten beiden Lichthöfe (Richtung Gartenstraße) werden vom **Museum für Neue Kunst** eingenommen. Auf über 7000 Quadratmetern Ausstellungsfläche werden Werke des ZKM mit fünf bedeutenden Privatsammlungen sowie Beständen der Landesbank Baden-Württemberg zusammengeführt. Die ZKM-Sammlung umfasst Arbeiten der amerikanischen Pop Art von Andy Warhol bis Roy Lichtenstein, Beispiele der Arte povera, Minimal Art und Konzeptkunst bis hin zur deutschen Malerei der Gegenwart mit Gerhart Richter, Sigmar Polke oder Georg Baselitz. Zu erwähnen sind auch

Schon im Außenbereich empfängt den Besucher moderne Kunst.

■ **Auch die Städtische Galerie ist Teil des riesigen Kunstzentrums.**

wegweisende Werke früher Videokunst etwa von Bruce Nauman, Bill Viola oder Fabrizio Plessi. Sonderschauen des Museums für Neue Kunst widmen sich unterschiedlichen Tendenzen europäischer und amerikanischer Kunst des 20. und 21. Jahrhunderts.

Mediathek und Bibliothek bieten eine umfassende Videokunst- und Musiksammlung sowie 60 000 Publikationen zu Kunst, Design und Architektur. Dass auch Medien und Speichersysteme in die Jahre kommen, zeigt sich am Labor für antiquierte Videosysteme. Mit seinem Maschinenpark von mehr als 300 Geräten ist es in der Lage, fast 50 gängige Videoformate hochwertig zu digitalisieren und damit frühe Videos für die Nachwelt zu erhalten. Für die Öffentlichkeit nicht zugänglich, doch für das Selbstverständnis des ZKM immens wichtig sind das Institut für Bildmedien und das Institut für Musik und Akustik, in denen die künstlerische Produktion auch mit Gastkünstlern aus aller Welt stattfindet.

Zwischen dem ZKM und dem Museum für Neue Kunst ist die **Staatliche Hochschule für Gestaltung (HfG)** angesiedelt. Sie wurde 1992 eröffnet, um auch in der Lehre eine Verbindung zwischen klassischen Künsten und den neuen Medientechnologien herzustellen. Eine enge Zusammenarbeit mit dem ZKM war von Beginn an beabsichtigt. An der HfG kann man unter anderem Produkt- sowie Kommunikationsdesign und Szenografie, aber auch Medienphilosophie und Kunstwissenschaft studieren.

Die **Städtische Galerie** nimmt den südlichsten Teil (Lichthof 10) des Gebäudes ein. Sie ging aus der Sammlung Ferdinand Siegel hervor, die 1896 der Stadt Karlsruhe überlassen wurde. Zu ihren Glanzpunkten zählen Druckgrafiken etwa von Dürer, Rembrandt, Canaletto oder Claude Lorrain. Eine Fülle von Nachlässen, Schenkungen und Erwerbungen kam im Laufe der Jahre hinzu, darunter vor allem Werke badischer Kunst seit 1850. Ein weiterer Akzent liegt auf der südwestdeutschen Gegenwartskunst. Eine große Bereicherung stellt die Dauerleihgabe der Sammlung Garnatz mit hochwertigen Arbeiten westdeutscher Kunst ab den 1960er-Jahren dar. Dazu gehören Schlüsselwerke der deutschen Malerei, Plastik und Fotografie etwa von Sigmar Polke, Jörg Immendorff, A. R. Penck, Candida Höfer und Thomas Struth. Auch Arbeiten von Künstlern, die in Karlsruhe lehrten, wie Markus Lüpertz, Per Kirkeby oder Georg Baselitz, sind in der Städtischen Galerie zu sehen (Infos dazu S. 132).

Nach dem ausgiebigen Museumsbesuch bietet sich als Entspannungsprogramm ein Ausflug in die nahe gelegene **Günther-Klotz-Anlage** an. Von der Städtischen Galerie aus erreicht man die Grünanlage, indem man über die Esplanade bis zum Ende weitergeht, dann nach rechts der Südendstraße und deren Verlängerung bis zur Straßenbahn folgt.

Mit weit aufgerissenen Augen empfängt die »Europa«, eine Skulptur von Jürgen Goertz, vor der **Europahalle** den Besucher. Die auf dem Kopf stehende Plastik mit ihren voluminösen Formen – sie hält zwischen den Beinen einen Stierkopf und in den Händen Friedenstauben – hat 1983 bei ihrer Aufstellung für großes Aufsehen gesorgt. Nicht jeder mochte sich mit dieser Darstellung von Europa identifizieren und ein Journalist bezeichnete sie damals als eine »Miss mit verzerrtem Gesicht, als ob sie Verdauungsschwierigkeiten hätte«. Heute gehört die Kopf stehende »Europa« ganz selbstverständlich zur Europahalle und zur Günther-Klotz-Anlage.

Die Europahalle wurde 1983 eröffnet. Nach Plänen der Architekten Schmitt, Kasimir und Partner wurde sie als moderne Mehrzweck- und Großsporthalle auch für Veranstaltungen internationalen Zuschnitts gebaut. Die Tribünen bieten mehr als 4000 Personen Platz. Neben einer 200-Meter-Laufbahn verfügt die Halle über Wettkampf- und Trainingsstätten für zahlreiche Sportarten. Markant wirkt das Äußere durch zwei über 30 Meter hohe Pylone, an denen die Drahtseile verankert sind, die die Dachkonstruktion halten. So stören im Inneren keine tragenden Pfeiler den Blick. Um die Halle in der Grünanlage nicht zu wuchtig wirken zu lassen, wurde die Hälfte

■ **»Das Fest« ist das sommerliche Freiluft-Event in Karlsruhe.**

des Baukörpers abgesenkt. Auch durch diese geringe Höhe wirkt der Aluminium- und Glasbau leicht und schwerelos. Mit zahlreichen internationalen Sportveranstaltungen hat die Europahalle ganz wesentlich zu Karlsruhes Ruf als Sportstadt beigetragen.

Direkt hinter der Europahalle bietet das **Europabad** Spaß für die ganze Familie. Das 2008 eröffnete Erlebnisbad hat eine starke Ausstrahlung auf Besucher der gesamten Region, ja sogar aus dem benachbarten Frankreich. Zahlreiche Attraktionen locken, so mehrere große Wasserrutschen, ein Wildwasserkanal und ein Aquacrossbereich. Wer nur Entspannung sucht, der kann sich in die großzügige Saunalandschaft zurückziehen. Sie verfügt neben einem freundlich gestalteten Innenbereich mit unterschiedlich temperierten Saunen außen auch über ein karelisches Saunadorf (Infos dazu S. 169).

Die in den 1970er-Jahren entstandene Günther-Klotz-Anlage jenseits der Straßenbahn ist nach Schloss- und Stadtgarten der dritte große Park in Karlsruhe. Sie zieht sich auf einer Fläche von 46 Hektar am Flüsschen Alb entlang. Wiesen und Seen, Sport- und Spielstätten, aber auch Kleingärten prägen ihr Gesicht. Auch als Schauplatz von Open-Air-Veranstaltungen hat sich die Günther-Klotz-Anlage einen Namen gemacht: Im Juli zieht »Das Fest« als eines der größten Freiluft-Festivals Deutschlands weit über 200 000 Besucher an, die die besondere Stimmung rund um den Hügel (»Mount Klotz«) bei den Rock- und Popkonzerten mit bekannten Künstlern oder beim sonntäglichen

Blick auf die Europahalle in der Günther-Klotz-Anlage.

Klassikfrühstück ebenso begeistert wie das umfangreiche Kinder-, Familien- und Sportprogramm (Infos dazu S. 165).

Wir überqueren die Bahn an der Haltestelle Europahalle, umrunden ein Stück das Skater-Paradies, einen beliebten Treffpunkt der Jugendlichen, biegen in den Weg zwischen den Wällen ein und können kurz danach über den Spielplatz links den Hügel besteigen. Der 15 Meter hohe Rodelhügel ist zu jeder Jahreszeit ein beliebter Aussichtspunkt – eine der seltenen Möglichkeiten, die Stadt in der Rheinebene einmal von oben anzuschauen.

Beim Abstieg gehen wir dann auf dem Höhenweg zu einem der drei kleinen Seen, die zum besonderen Reiz der Günther-Klotz-Anlage beitragen. Er ist natürlich auch auf dem ebenen Weg zu erreichen. Wie es sich für einen ordentlichen Park gehört, kann man auf dem See mit Booten fahren.

Am renaturierten Flusslauf links vom See durchquert die Nussbaumallee den Park. Sie gleicht allerdings an schönen Sonntagen schon beinahe einer Rennstrecke, so viele Skater und Fahrradfahrer tummeln sich hier. Als Alternative bietet sich der ruhigere Weg auf der anderen Seite der Alb an.

Seit 2004 gibt es einen Gewässererlebnispfad entlang der Alb, der mit einfallsreichen Angeboten vor allem Kindern und Jugendlichen den Fluss näher bringen soll. Hat man Lust auf eine längere Wanderung, kann man noch weiter die Alb entlanglaufen, flussaufwärts nach Rüppurr ganz im Süden der Stadt oder flussabwärts über den Kühlen Krug (Gaststätte und Straßenbahnhaltestelle) hinaus bis Knielingen am Tiefgestade des Rheins.

Wir nehmen für unsere Tour den zwischen den beiden oberen Seen querenden Junker-und-Ruh-Weg nach rechts durch naturbelassene Kleingärten, halten uns an der Gabelung schräg links und kommen zum Weinbrennerplatz am Rand der Weststadt. Von hier fahren Bahnen und Busse in mehrere Richtungen ab.

TOUR 5 WO KARLSRUHE BESONDERS BUNT IST

Durch die Südstadt

Tourbeginn: *Ettlinger Tor*

Tourende: *Mendelssohnplatz*

Haltestellen des öffentlichen Verkehrs: *Ettlinger Tor, Werderstraße, Ostendstraße, Rüppurrer Tor / Philipp-Reis-Straße*

Tourenlänge: *circa 4,5 Kilometer*

Höhenunterschiede: *circa 5 Meter*

Einkehrmöglichkeiten: *mehrere*

Ein Rundgang durch die Karlsruher Südstadt gehört zwar nicht unbedingt zum touristischen Standardprogramm, denn es fehlen die großen architektonischen Glanzlichter, dennoch ist ein Streifzug durch dieses ursprünglich gebliebene und sehr lebendige Viertel auf jeden Fall zu empfehlen. Abgesehen von der Weststadt ist kein Karlsruher Stadtteil so dicht bevölkert wie die Südstadt, kaum einer so bunt und so voller schräger Vögel und bizarrer Geschichten. Und warum die Bewohner dieses Stadtteils sich ausgerechnet Südstadtindianer nennen, ist eine ganz besondere Geschichte, auf die wir an geeigneter Stelle zurückkommen werden.

Vom Ettlinger Tor gehen wir über den Platz vor dem Staatstheater und stoßen rechts auf die **Baumeisterstraße**. Es ist die älteste Straße der Südstadt, von hier aus hat sich das Viertel nach Süden hin entwickelt. Dabei wurde der fächerförmige Grundriss der Kernstadt nicht wieder aufgenommen, vielmehr bevorzugte man einen schachbrettartigen Grundriss: Fast alle Straßen der Südstadt treffen im rechten Winkel aufeinander. Auch deshalb wirkt dieser Stadtteil so geschlossen.

Kurz nach Beginn der Bauarbeiten für die frühere Bahnlinie an der Kriegsstraße entstanden bereits in den 1840er-Jahren die ersten Werkhallen, in denen Eisenbahnwaggons, Lokomotiven und Maschinen gefertigt wurden. Weil die Arbeiter Unterkünfte brauchten, wurden die südlich der Bahnlinie gelegenen »Augärten« zur Bebauung freigegeben. Die »Eisenbahnervorstadt« entstand. In etwa drei Jahrzehnten wurde der größte Teil des Viertels hochgezogen – zunächst abgeschnitten vom Rest der Stadt durch Bahngleise und Schranken. Erst als 1913 der jetzige Hauptbahnhof eröffnet wurde, begann für die Südstadt ein neues Zeitalter ohne die störende Begleitmusik stampfender und dampfender Eisenbahnen.

Das schönste Haus der Baumeisterstraße ist sicherlich die Nr. 8a, ein Gründerzeitbau mit Runderker, in dem sich heute das Staatliche Vermessungsamt befindet. Außerdem haben sich hier einige der ältesten Häuser des Viertels im klassizistischen Stil erhalten. Linker Hand gleich hinter dem Theater biegt die Meidingerstraße ab. Hier sollte man einen kurzen Blick auf den 1937 entstandenen Wohnblock des Mieter- und Bauvereins mit seinem großzügigen, begrünten Innenhof werfen und ganz besonders auf das schmiedeeiserne Tor zu dieser Wohnanlage. Unter dem Motto »Ehre der Arbeit – Sozialismus der Tat« wird hier in verschiedenen szenischen Bildern ein nationalsozialistisches Loblied auf Bauern (»Der Nährstand«) und Arbeiter gesungen. Bilder von Wehrmachtssoldaten, Hitler-Jungen und BDM-Mädchen sind allerdings heute ebenso verschwunden wie das Hakenkreuz.

Wir gehen zur Baumeisterstraße zurück und gegenüber in die **Marienstraße**, eine der Hauptachsen der Südstadt und sicherlich eine ihrer charaktervollsten Straßen. Sie ist typisch für dieses ehemalige Arbeiterviertel: eng, dicht bebaut, die Häuser zwei- bis dreistöckig mit schnörkellosen Fassaden, dahinter Höfe. Das Kino **Schauburg** in der Marienstraße 16 ist mit seinem Retro-Charme einer der wichtigsten kulturellen Anziehungspunkte des Viertels – übrigens auch für Besu-

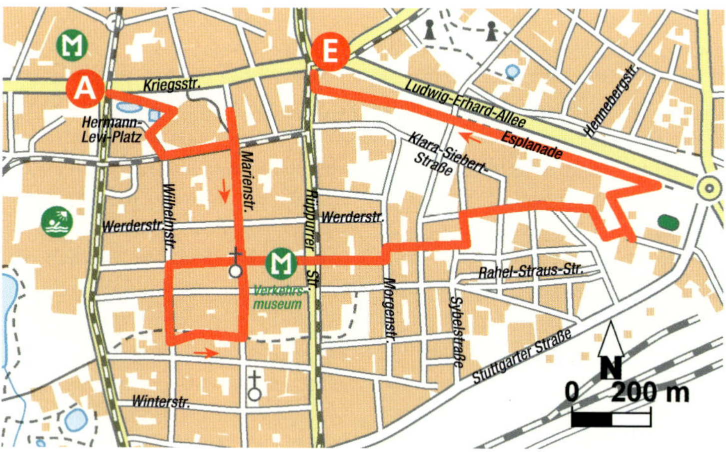

■ **Kultkino in der Südstadt: die Schauburg.**

cher aus anderen Stadtteilen, weil das Kinoprogramm sich immer noch wohltuend vom sonst angebotenen Mainstream abhebt (Infos dazu S. 136). Die Italiener im Viertel, aber auch die vielen deutschen Fans von Espresso und Cappuccino treffen sich in der »Bar Milano«, einem Klassiker seiner Art, an der Ecke Marien-/Schützenstraße.

Die lebendige Kneipenszene der Südstadt hat Tradition. Nur sind an die Stelle der »Goldenen Gerste« und des »Schildbürgers« längst der Italiener und der Grieche getreten. Etwa ein Viertel der Bevölkerung der Südstadt sind Migranten. Sie tragen – neben den vielen Studenten – wesentlich zur besonderen Atmosphäre dieses Quartiers bei. Überall finden sich in den engen Straßen Geschäfte und Restaurants mit landestypischen Spezialitäten, und der Zeitungskiosk am Werderplatz kann in seiner Vielsprachigkeit mühelos mit der Bahnhofsbuchhandlung konkurrieren. Während mancherorts Stadtviertel mit vergleichbarer Einwohnerstruktur Problemgebiete mit Ghettocharakter geworden sind, verläuft das Zusammenleben der verschiedenen Nationen in der Südstadt erstaunlich gut.

Bei der ehemaligen »Brauerei Wolf«, auf die nur noch das traditionelle Wirtshaus »Wolfbräu« an der Ecke verweist, mündet die Marienstraße in den **Werderplatz** – Marktplatz, Kommunikationsbörse und pulsierendes Herz der Südstadt. Und hier kommen wir auch dem Geheimnis der Südstadtindianer auf die Spur. Denn vor der Johanniskirche zieht der **Indianerbrunnen** unweigerlich die Blicke auf sich. Der

Brunnen, im dekorativen Expressionismus gehalten, entstand in den Jahren 1924 bis 1927 und erinnert an einen indianischen Totempfahl. Gekrönt wird er durch ein doppelgesichtiges, federgeschmücktes Indianerhaupt: Während der eine Kopf in Richtung Kirche blickt, schaut der andere zum Wirtshaus. Bei genauer Betrachtung sind die Köpfe keineswegs identisch. Für das nach Süden blickende, ernst und konzentriert wirkende Gesicht soll ein Sioux-Indianer Modell gestanden haben, der mit dem Zirkus Krone in Karlsruhe gastierte. Der andere Kopf mit den schmunzelnden Zügen ist aber der des Künstlers Friedrich Beichel (1875–1955), der den Brunnen entwarf.

Ein Sioux stand Modell für den Indianerbrunnen.

Südstadtindianer

Der Anlass zum Brunnenbau war sehr prosaischer Natur: Der Brunnen sollte den Eingang zu einem unterirdischen Toilettenhäuschen markieren. Als Brunnenfigur wählte Beichel aber keine Heiligenfigur oder Nymphe, sondern einen Indianer in Anspielung an den Spitznamen »Südstadtindianer« für die Bewohner des Quartiers. Wie kam es zu dieser merkwürdigen Bezeichnung? 1896 gab William Frederick Cody alias Buffalo Bill auf der Schützenwiese südlich des Ettlinger Tores eine »Wildwest-Show«. Für mehrere Wochen schlug die Truppe ihre Zelte in der Südstadt auf. Das löste bei den Südstädtern eine solche Begeisterung aus, dass mehrere Indianervereine gegründet wurden, die teilweise noch heute bestehen. Die Bezeichnung »Indianer« wurde aber keineswegs von allen Bewohnern des Viertels geschätzt. Manche sahen darin ein Schimpfwort für die Bahnarbeiter, die abends mit rußverschmierten Gesichtern heimkehrten. So löste Beichels Indianer-Entwurf 1924 helle Empörung aus, vor allem auch bei den Honoratioren der Bürgergesellschaft der Südstadt. Die Stadt hielt aber an dem Projekt fest, und der Wind drehte sich. Die Eröffnung des Brunnens geriet sogar zu einem begeisterten Volksfest, der Begriff »Südstadtindianer« galt nicht länger als ehrenrührig, man war jetzt stolz darauf.

Die evangelische **Johanniskirche** am Werderplatz wurde 1889 eingeweiht. In den Jahrzehnten davor mussten sich die Gläubigen mit einem behelfsmäßigen Betsaal begnügen. Die Finanzierung des

Die katholische Liebfrauenkirche wurde 1892 errichtet.

neuen Gotteshauses bereitete trotz Spenden der Pfarrmitglieder und des Großherzogs viel Mühe. Noch etwas länger mussten die Katholiken auf eine eigene Kirche warten. Die neugotische **Liebfrauenkirche** an der Ecke Marienstraße/Augartenstraße wurde 1892 eingeweiht.

Wir gehen am anderen Ende des Werderplatzes nach links in die Wilhelmstraße und biegen hinter der Luisenstraße links ab in die Grünanlage. Der Grünstreifen entstand im Zuge der Sanierungsmaßnahmen in den 1980er-Jahren. Nach dem Krieg galt die Südstadt, die relativ unbeschadet die Bombenangriffe überstanden hatte, »als einer der unerfreulichsten, ungesundesten und übervölkertsten Stadtteile« Karlsruhes und als »Musterbeispiel für den Städtebau einer überlebten Epoche« (Broschüre von 1951). Aus heutiger Sicht muss man dankbar sein, dass die Sanierung zu einem relativ späten Zeitpunkt in Angriff genommen wurde, als man sich von der radikalen Flächensanierung der 1960er- und 1970er-Jahre bereits zugunsten einer behutsamen Objektsanierung verabschiedet hatte. So blieb das Unverwechselbare der

Südstadt erhalten, nur wurden die Höfe entkernt und verschönt und dabei grüne Oasen und Spielplätze geschaffen.

Auf der Marienstraße geht es zurück zum Werderplatz, über den die Werderstraße verläuft, die wir nach rechts einschlagen. In der Werderstraße 63 lohnt das allerdings nur sonntags geöffnete **Verkehrsmuseum Karlsruhe** einen Besuch. Das 1924 gegründete Museum beeindruckt mit einer sehenswerten Oldtimer-Schau, die vom Bergmann Liliput aus dem Jahre 1904 bis zum eleganten Borgward Isabella der Wirtschaftswunderjahre reicht. Auch der Dienstwagen des einstigen Karlsruher Oberbürgermeisters Günther Klotz ist zu sehen. Karlsruhe als Geburtsstadt von Karl Friedrich Drais wird mit einer großen Fahrradsammlung gewürdigt, darunter auch der originalgetreue Nachbau einer Draisine und ein Hochrad. Ein Eldorado für große und kleine Eisenbahnfans ist die 80 Quadratmeter große Modelleisenbahn aus den 1960er-Jahren (Infos dazu S. 133).

Über die Rüppurrer Straße hinweg, an der Morgenstraße kurz links und gleich wieder rechts durch die sehr kurze Rotteckstraße geht es nun in den neuesten Teil des Viertels, in die **Südstadt-Ost**. Sie entstand ab dem Jahr 2001 auf dem Gelände des früheren Ausbesserungswerks der Deutschen Bahn. Als dieses Werk 1997 schloss, ergab sich für die Stadt Karlsruhe die einmalige Gelegenheit, auf einem der letzten zentral gelegenen freien Areale ein komplettes Wohnquartier errichten zu lassen. Ungewöhnlich für ein Großprojekt dieser Art war das neue Viertel bereits einige Jahre früher als vorgesehen 2015 in seinen wesentlichen Teilen fertiggestellt. Heute leben in der Südstadt-Ost knapp 6000 Menschen. Das Quartier bildet mit seinen freundlich gestalteten Wohnhäusern, den relativ breiten Straßen und den großzügigen Parkanlagen einen deutlichen Kontrast zur alten, eng bebauten Südstadt.

Wenn wir in dem Grünzug zwischen alter und neuer Bebauung nach links blicken, sehen wir ein Relikt der Eisenbahnerzeit: die ehemalige Kantine des Ausbesserungswerks. Dort ist das »Bürgerzentrum Südwerk« eingezogen. Wir gehen aber geradeaus zwischen den Einzelhäusern hindurch und gelangen mit der nächsten Straße auf den **Clara-Immerwahr-Haber-Platz**, das Zentrum der Südstadt-Ost. Er erinnert an die Frau des Chemie-Nobelpreisträgers Fritz Haber, die selbst Chemikerin war und von 1901 bis 1910 in Karlsruhe lebte, wo ihr Mann an der Technischen Hochschule lehrte. 1915, nach dem tödlichen Einsatz von Chlorgas im Ersten Weltkrieg, erschoss sie sich aus Protest gegen die Giftgas-Forschungen ihres Mannes. Auch die anderen Straßennamen des Viertels sind nach

Der Garten der Religionen steht ganz im Zeichen der Toleranz.

bedeutenden Frauen Karlsruhes und Badens benannt. Den zentralen Platz beleben einige Geschäfte und ein Café. Trotzdem fehlt dem Viertel insgesamt noch etwas der Flair, der wahrscheinlich nur mit den Jahren und der Patina kommt.

Nun verlassen wir den Platz nach links über die Luise-Riegger-Straße, biegen an der nächsten Kreuzung rechts ab und erreichen den Park. Hier erinnert an der Schule der denkmalgeschützte alte **Wasserturm** an die Vergangenheit des Viertels. In ihm befindet sich das wahrscheinlich ungewöhnlichste Hotel Karlsruhes mit nur einer einzigen Suite.

Wir gehen im Park schräg rechts entlang der Häuserfront an der Marie-Juchacz-Straße weiter, denn ganz im Osten vor der Stuttgarter Straße lohnt ein Besuch des **Gartens der Religionen**, der zum 300. Stadtgeburtstag eröffnet wurde. Er entstand aus einem Ideenwettbewerb der Bürgerschaft unter engagierter Beteiligung verschiedener Religionsgemeinschaften. Der Garten orientiert sich am Gedanken der Glaubensfreiheit des Karlsruher Privilegienbriefs von 1715 und steht für Toleranz, religiöse Vielfalt und friedfertiges Miteinander. Gleichzeitig soll er ein Ort für Begegnungen und Veranstaltungen sein.

Religion, Weisheit und Toleranz

Der »Garten der Religionen« besteht aus insgesamt sieben Kreisen als Symbolen der Vollkommenheit: einem Außenkreis sowie sechs Innenkreisen. Die fünf kleineren Kreise innen symbolisieren die Weltreligionen Christentum, Judentum, Islam, Buddhismus und Hinduismus. Der größere sechste Innenkreis ist neutral gehalten. In den Kreisen finden sich Bodenmosaike mit religiösen Symbolen – wie etwa Brot und Fisch für das Christentum oder Früchte in einem Davidstern

für das Judentum. Eingeschlossen werden die Kreise von halbrunden Stelen mit Sprüchen, Gebeten und Weisheiten der verschiedenen Religionen. Der Außenkreis wird zum Teil von einer Umfassungsmauer umschlossen mit eingravierten Zitaten von Philosophen und Denkern wie Laotse, Tagore, Voltaire, Konfuzius oder Martin Luther King. Auf eigenen Stelen werden der Karlsruher Privilegienbrief von 1715, das Grundgesetz und die Europäische Menschenrechtskonvention gewürdigt.

Dann wenden wir uns zu den hohen Wohn- und Bürokomplexen mit den etwas hochtrabenden Namen »Park Plaza«, »Park Office« und »Park Arkaden«, die im Norden den neuen Stadtteil von der viel befahrenen, lauten Ludwig-Erhard-Allee abriegeln. Wir halten uns rechts und steigen über eine Rampe zu der Esplanade hinauf, die vor den Gebäuden angelegt wurde. Auf ihr spazieren wir nach einer Linkskehre oberhalb des Parks bis zum Ende am Mendelssohnplatz.

TOUR 6 VORNEHME VILLEN UND TRADITIONSREICHER MARKT MIT FLAIR

Durch die Weststadt

Tourbeginn und -ende: *Kaiserplatz*

Haltestellen des öffentlichen Verkehrs: *Mühlburger Tor, Kunstakademie, Yorckstraße, Sophienstraße, Weinbrennerplatz*

Tourenlänge: *circa 5 Kilometer*

Höhenunterschiede: *keine*

Einkehrmöglichkeiten: *Kaiserplatz / Mühlburger Tor, Gutenbergplatz, Sophienstraße*

Am westlichen Ende der Kaiserstraße liegt der Kaiserplatz. Hinter ihm schloss einst das Mühlburger Tor die alte Stadt ab. Hier beginnt die Weststadt, eines der beliebtesten Wohnviertel von Karlsruhe. Die Kaiserallee teilt das Viertel in zwei recht unterschiedliche Hälften: Nördlich der Allee hat die Weststadt einen ausgesprochen vornehmen Charakter – gediegene Amtssitze unterschiedlicher Behörden wechseln sich mit prächtigen Villen und Grünanlagen ab. Das sogenannte »Musikerviertel« – die Straßen sind nach berühmten Musikern benannt – wurde vor dem Ersten Weltkrieg als großbürgerliches Viertel mit sehr individuell gestalteten Wohnhäusern geplant, und diesen Charakter hat es bis heute bewahrt. Südlich der Kaiserallee zeigt sich die Weststadt bunter und lebendiger, doch überwiegt auch hier ein eher bürgerliches Ambiente. Dieser Teil ist dicht besiedelt und weist mit seinen zahlreichen Kneipen, Restaurants, kleinen Geschäften und Handwerksbetrieben eine attraktive Mischung aus Wohnen und Arbeiten auf, wie sie heute wieder großen Anklang findet. Architektonisch ist die Weststadt reizvoll – bei einem Bummel durch die Straßen lohnt sich ein Blick auf die reich gestalteten Fassaden der Gründerzeit- und Jugendstilhäuser, die dem Stadtteil sein Gesicht geben.

Der **Kaiserplatz** ist nach dem Reiterstandbild Kaiser Wilhelms I. benannt, das hier 1897 aufgestellt wurde. Rechts, zwischen den beiden Torbogenhäusern an der Stephanienstraße, mündet die **Baischstraße** in den Platz ein. Überraschend ist der stille, fast dörfliche Charakter

Zwei Torbogenhäuser markieren den Eingang zur Baischstraße.

dieser kleinen Straße im Kontrast zur lebhaften Umgebung. Sie stellt den in Deutschland seltenen Typus einer privaten Villenstraße dar. Hermann Billing legte die Baischstraße um 1900 nach Pariser Vorbild an, sie gilt als bedeutendstes Bauwerk des Karlsruher Jugendstilarchitekten. Allerdings ist sein Gesamtkunstwerk heute leider wegen der nicht unerheblichen Kriegszerstörungen nur noch teilweise erkennbar, am besten an den Häusern Nr. 3 und Nr. 5. Der Architekt verwendete hier ganz unterschiedliche Materialien wie bossierten Sandstein, Putzflächen, Schindelverkleidungen, aber auch farbige Fliesen. Blattvergoldung, Linienornamente – früher auch noch bunt gefasste Steine – sorgen für abwechslungsreiche Akzente. Beim Haus Nr. 5 griff Billing auf den traditionellen regionalen Baustil des Nordschwarzwalds zurück. Die beiden Torbogenhäuser schmückten einst bunte Fresken, die leider mit der Zeit verblasst sind.

Das **Mühlburger Tor**, das 1817 aus der Innenstadt hierher verlegt worden war, stand bis 1874. Einen baulichen Akzent am gleichnamigen Platz setzt die **Christuskirche**. Sie wurde in den Jahren 1897–1900 im neogotischen Stil von dem renommierten Architektenteam Curjel und Moser für die Weststadt-Gemeinde erbaut. Im Zweiten Weltkrieg bei einem Luftangriff abgebrannt, ragte der zerstörte Turm noch lange Zeit später wie ein Mahnmal auf, bis er endlich seine Turmspitze zurückerhielt. Weiter Richtung Hildapromenade steht ein Denkmal zur Erinnerung an die Toten des Ersten Weltkriegs (Kurt Edzard, 1929). Einen faden Beigeschmack hinterlassen der vorwärtsstürmende Reiter-Soldat, mehr jedoch noch die martialische Inschrift aus dem »Edda«-Epos: »Du stirbst, der Besitz stirbt, die Sippen sterben. Einzig lebt, wir wissen es, der Toten Tatenruhm.« Kein Wunder, dass über die Erhaltung des Denkmals auch schon mal im Gemeinderat diskutiert wurde. Einen Abschluss des Platzes bildet an der Ecke zur Promenade das Rathaus West, das Adolf Hanser (1858 bis 1901) für die Karlsruher Lebensversicherung 1896–1898 erbaute.

Wir gehen zurück, biegen an der Kreuzung links in die Reinhold-Frank-Straße ein und folgen ihr bis zur Moltkestraße. Auf dem Weg liegen rechts das Gästehaus der Stadt, die **Villa Solms** (Ecke Bismarckstraße), und links die **Villa Schönleber**, die mit ihren großflächigen Wandmalereien an eine Landvilla in Venetien erinnert und zurzeit von der benachbarten Kunstakademie genutzt wird. Die **Staatliche Akademie der Bildenden Künste** hat in einem Neorenaissance-Bau von Josef Durm (1837–1919) ihren Sitz. Zurzeit werden hier 300 Studentinnen und Studenten in Malerei/Grafik, Bildhauerei und Kunsterziehung ausgebildet.

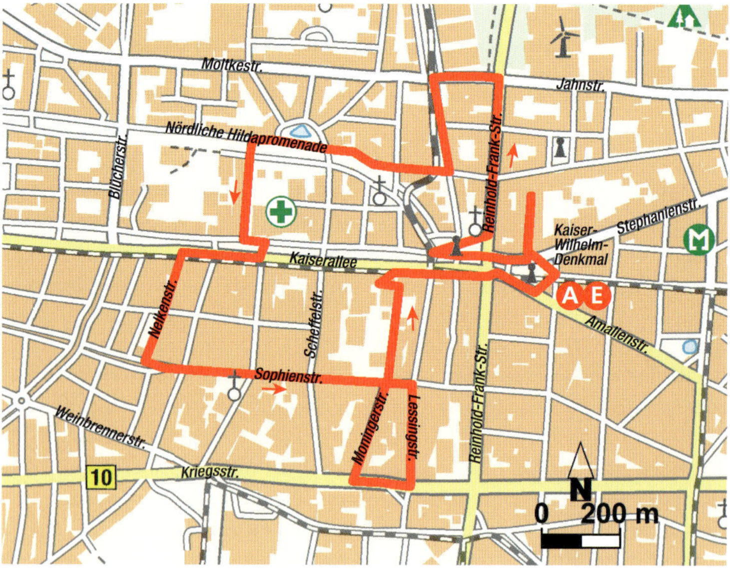

Der Haydnplatz ist nach barocken Vorbildern gestaltet.

Kunst aus Karlsruhe

Die Akademie wurde 1854 von Großherzog Friedrich als »Kunstschule« gegründet und zu ihrem Leiter der Düsseldorfer Landschaftsmaler Johann Wilhelm Schirmer berufen. Schnell wurde die Akademie, die eng mit der Kunsthalle verbunden war, zu einem Mittelpunkt des künstlerischen Lebens in Karlsruhe. Nach Schirmer vermehrten Maler wie Ferdinand Keller, Leopold von Kalckreuth, Hans Thoma und Wilhelm Trübner ihren Ruf. Besondere Bedeutung erlangte die Akademie, als sie in den 1920er-Jahren zu einem Zentrum der Neuen Sachlichkeit wurde (Karl Hubbuch, Georg Scholz, Wilhelm Schnarrenberger). Der Neo-Expressionismus der 1980er-Jahre war dann mit Georg Baselitz und Markus Lüpertz prominent vertreten.

In dem Dreieck zwischen Reinhold-Frank-Straße, Moltkestraße und Hildapromenade liegen eine Reihe repräsentativer Großbauten von Behörden aus der Zeit um 1900. Wir gehen auf der Moltke- und der Riefstahlstraße um die Kunstakademie herum und kommen hier am früheren Amtsgefängnis, heute Justizvollzugsanstalt (Durm, 1897) vorbei, dann rechts in der Hoffstraße am Oberlandesgericht (Durm, 1902) und weiter in der Nördlichen **Hildapromenade** am monumentalen Generallandesarchiv (Hanser und Ratzel, 1905). Dieses bekam 2011 einen modernen Erweiterungsbau. Hinter dem Generallandesarchiv stößt man auf den **Haydnplatz**. Der nach barocken Vorbildern gestaltete Platz öffnet sich halbkreisförmig zur Hildapromenade, während im Norden drei Straßen

Im Herzen der Weststadt: Gutenbergplatz mit Krautkopfbrunnen.

strahlenförmig von ihm ausgehen. Dreistöckige Häuser mit Mansarddächern und Dreiecksgiebeln tragen zur vornehmen Ausstrahlung des Platzes bei.

Von der Hildapromenade kommen wir am Ende des Haydnplatzes links über die Virchowstraße zur Kaiserallee. Wir überqueren etwas links an einer Ampel die vierspurige Straße und folgen ihr kurz rechts stadtauswärts, biegen dann aber nach links in die Nelkenstraße ein und gelangen zum **Gutenbergplatz** – unbestritten das Zentrum der Weststadt. Seine Atmosphäre ist einmalig, vor allem im Sommer, wenn man in einem der Cafés oder Biergärten unter den alten Lindenbäumen sitzen kann. Es geht hier beschaulicher zu als etwa auf dem quirligen, manchmal aber auch etwas überdrehten Ludwigsplatz. Am Gutenbergplatz wird nichts zur Schau gestellt, die Weststädter bleiben weitgehend unter sich. Am Samstagvormittag allerdings, wenn Markt ist, wird es hier richtig voll, weil Karlsruher auch aus anderen Stadtvierteln hierher strömen, um Elsässer Backwaren oder badischen Spargel zu kaufen. Für viele ist der Markt am Gutenbergplatz, der dreimal die Woche stattfindet, der schönste der Stadt. Zum besonderen Ambiente des Platzes gehören neben den Gaststätten auch kleine Boutiquen, die zum Verweilen und Herumstöbern einladen.

Dass der Gutenbergplatz nach Plan entstanden ist, kann man gut nachvollziehen, wenn man die

Front der schönen Häuser aus der Zeit des Jugendstils an der Ost- und Westseite entlangblickt. Der gesamte Platz steht unter Denkmalschutz, kein architektonischer Ausreißer stört das Ensemble. Wenn man heute über den Markt bummelt, kommt man nicht auf den Gedanken, dass dieser Platz auf eine finstere Geschichte zurückblickt. Lange Zeit war hier – damals weit außerhalb der Stadt – die Hinrichtungsstätte von Karlsruhe. Im Jahr 1772 wurde auf dem Richtplatz die erst 18-jährige Kindsmörderin Katharina Würbs geköpft. Die Exekution zweier Raubmörder, der Brüder Damian und Qualibert Maisch, im Jahr 1829 war die letzte öffentliche Hinrichtung in Karlsruhe. Aus dem Richtplatz wurde dann ein Schießplatz, ein damals beliebtes sonntägliches Ausflugsziel.

Der Architekt Friedrich Ratzel schuf den **Krautkopfbrunnen**, der mit seinen gekrümmten Metallrippen wie eine Krone aussieht. Oben thront aber kein Juwel, keine Kugel, kein Kreuz, sondern eben ein üppiger Krautkopf, eine nicht misszuverstehende Anspielung auf

Prachtvolle Bürgerhäuser sind charakteristisch für dieses Viertel.

Karlsruhes Unterwelt: Der Landgraben fließt unter der Sophienstraße.

den Ort, an dem sich der Brunnen befindet. Ein Kranz von Putten trägt eine Girlande von Früchten und Blüten, ein Putto einen Korb voll Brötchen, und dazwischen springen verschiedene Tiere (Vogel, Katze und Lamm). Für die Weststädter ist der Krautkopfbrunnen ebenso ein Wahrzeichen ihres Viertels wie für die Südstädter der Indianerbrunnen.

Vom Gutenbergplatz biegen wir links in die **Sophienstraße** ein. Besonders die Häuser auf der linken Seite beeindrucken durch ihre vielgestaltigen Giebel und Erker und den reichen Fassadenschmuck – liebliche Jungfrauenköpfe, bärtige Gesichter, widerliche Fratzen und allerlei Getier und Fabelwesen, Schlangen und Drachen. Die baumbestandene, breite Sophienstraße unterscheidet sich deutlich von den engeren, meist älteren Nachbarstraßen. Die aufwändig gestalteten Häuser mit ihren großen Wohnungen wurden vor hundert Jahren meist für Handwerksmeister und Freiberufler gebaut.

Der alleeartige Charakter der Sophienstraße verhüllt heute sehr vornehm die zum Himmel stinkende Unterwelt, die sich unter ihrem Pflaster auftut – der kanalisierte **Landgraben**. Mit 5,20 Meter Breite und 4,60 Meter Höhe weist dieser unterirdische Abwasserkanal nach Paris den zweitgrößten Kanalquerschnitt in Europa auf (Infos dazu S. 130).

Die Unterwelt

Über neun Kilometer fließt der Kanal unter der Stadt Karlsruhe entlang. Im 19. Jahrhundert war es keine Freude, in der Nähe des Landgrabens zu wohnen, denn damals war er noch nicht abgedeckt. Das »schwärzliche, unheimliche Gewässer« floss am Südrand des Dörfles (rechts und links der heutigen Fritz-Erler-Straße) vorbei nach Westen zum Rhein hin. Notdürftig wurde der Landgraben zunächst mit Brettern und Stegen überdeckt, bis 1885 zumindest die Innenstadt von dem Gestank befreit wurde durch den Bau eines überwölbten Kanals, der bis zur heutigen Reinhold-Frank-Straße reichte. Danach floss der Landgraben aber immer noch frei durchs Feld, und die ersten Häuser der Weststadt wurden ausgerechnet an dieser Kloake gebaut. Erst Bürgerproteste führten dazu, dass der Landgraben weiter überdeckelt und die Wohnqualität in der Weststadt deutlich verbessert wurde.

An der Ecke Sophienstraße/Schillerstraße steht die **Bonifatiuskirche.** Das katholische Gotteshaus entstand 1908 nach Plänen von Johannes Schroth. Die Kirche ist als dreischiffige romanische Basilika mit Querschiff im neoromanischen Stil gebaut. Besonders ins Auge fällt der wuchtige Kirchturm. Auch das Innere ist konsequent neoromanisch gehalten. Auffallend sind die farbig gestalteten Malereien in den Deckengewölben mit Szenen aus dem Alten und Neuen Testament. Sie entstanden allerdings erst in der Nachkriegszeit.

Wir folgen der Sophienstraße bis zur Moningerstraße und biegen nach rechts ein. An der Ecke zur Kriegsstraße steht das alte Sudhaus der früheren **Brauerei Moninger** mit dem auffallenden Rundturm. Der von Hermann Walder errichtete Backsteinbau wurde für Wohnzwecke umgebaut. Außer dem Sudhaus ist nur noch das Verwaltungs- und Direktionsgebäude einige Meter weiter stadteinwärts übrig geblieben. Ursprünglich nahm die Brauerei das gesamte Areal zwischen Moninger-, Lessing-, Sophien- und Kriegsstraße ein. 1856 gegründet, hatte Moninger zunächst seinen Sitz an der Kaiserstraße, zog aber nach einem Brand 1888 hierher. 1981 wurde die Brauerei nach Karlsruhe-Grünwinkel verlegt, 2010 fusionierte Moninger mit der Rastatter Brauerei Hatz.

Hopfen und Malz

Die Moninger-Burg ist das einzige architektonische Relikt, das an die große Brauerei-Tradition der Weststadt erinnert. Denn bis Ende des 19. Jahrhunderts war Karlsruhe nach München und Dortmund das wichtigste deutsche Brauereizentrum und die noch unbebaute Weststadt war von Bierkellern durchlöchert. Nachdem sich 1872 zunächst die Brauerei Eypper hier niederge-

Das Sandkorn-Theater liegt in einem Gebäude des früheren Gaswerks.

lassen hatte, folgten Printz, Heinrich Fels, Moninger, schließlich Wilhelm Fels, Kammerer, A. Benz, Union und August Fels. Heute gibt es in der ganzen Weststadt keine der alten Brauereien mehr. Aber immer noch wird in den Gaststätten des Viertels bevorzugt Moninger ausgeschenkt.

Über ein kurzes Stück nach links auf der Kriegsstraße gelangt man zur Lessingstraße, die zur Sophienstraße zurückführt. Auf ihr gehen wir ein Stück links und nach der Moningerstaße rechts in die weiträumige **Nottingham-Anlage**, die das eng bebaute Viertel auflockert. Hier stand früher das Städtische Gaswerk. Von dem 1917 stillgelegten Werk konnten nur vier Gebäude erhalten werden: das alte Ofenhaus von 1876, das heute dem **Sandkorn-Theater,** dem **Jakobus-Theater** sowie dem **Figurentheater marotte** (Infos dazu S. 137) als Domizil dient, zwei ehemalige Verwaltungsgebäude sowie eine Halle mit gusseisernem Gerippe, die Teil eines Spielplatzes geworden ist. Geht man am anderen Ende der Grünanlage einige Meter links die Kaiserallee weiter, trifft man auf ein an dieser Stelle kaum erwartetes Überbleibsel der Weinbrenner-Zeit, das ehemalige **Promenadenhäuschen**, 1815 erbaut, heute ein Vereinsheim. In der anderen Richtung sind wir gleich am Ausgangspunkt dieses Rundgangs auf dem Kaiserplatz.

Dörfle, Oststadt und Alter Schlachthof

Tourbeginn: *Berliner Platz*

Tourenende: *Gottesauer Platz*

Haltestellen des öffentlichen Verkehrs: *Kronenplatz, Durlacher Tor, Karl-Wilhelm-Platz, Hauptfriedhof, Essenweinstraße, Tullastraße, Schloss Gottesaue, Gottesauer Platz*

Tourenlänge: *circa 5,5 Kilometer*

Höhenunterschiede: *keine*

Einkehrmöglichkeiten: *viele*

Das **Universitätsviertel** (**KIT-Campus Süd**) beginnt am **Berliner Platz** im östlichen Teil der Kaiserstraße hinter der Kreuzung mit der Fritz-Erler-Straße/Waldhornstraße. Es hat sich in den letzten Jahrzehnten immer weiter ausgedehnt und nimmt heute mit seinen verschiedenen Instituten ein weiträumiges Areal zwischen Kaiserstraße und Hardtwald ein. Das sehenswerte Hauptgebäude der Universität an der Kaiserstraße, ein roter Sandsteinbau, wurde von Heinrich Hübsch in den Jahren 1833–1836 erbaut und 1864 nach Plänen von Friedrich Theodor Fischer erweitert.

Hinter dem Hauptgebäude liegt über die Englerstraße zugänglich der sogenannte **Ehrenhof**, der 1925 zum Gedenken an die im Ersten Weltkrieg gefallenen Hochschulangehörigen vom Karlsruher Architekten Max Laeuger (1864–1952) gestaltet wurde. Das Bronzestandbild der Athene schuf Karl Albiker (1878–1961). Der Bildhauer wählte mit der griechischen Göttin die passende Symbolfigur für das Gefallenendenkmal, denn Athene ist sowohl Schirmherrin der Wissenschaften als auch Gebieterin über Krieg und Frieden. Ebenfalls im Ehrenhof wird an den wohl größten Wissenschaftler der Universität, den Physiker und Entdecker der elektromagnetischen Wellen Heinrich Hertz (1857–1894), erinnert. Die Tochter Mathilde Hertz schuf die in einer säulenumrahmten Nische aufgestellte Bronzebüste. Im rückwärtigen Teil des Ehrenhofs setzte man vor dem Hauptportal des Maschinengebäudes einem anderen großen Wissenschaftspionier ein Denkmal: Ferdinand Redtenbacher (1809–1863) legte als Professor für Mechanik und Maschinenlehre am damaligen Polytechnikum die Grundlage für den modernen Maschinenbau. Friedrich Moest (1838–1923) schuf die Büste kurz nach Redtenbachers Tod.

Universitätsstadt Karlsruhe

Die Karlsruher Universität, die seit 2009 offiziell **Karlsruher Institut für Technologie (KIT)** heißt, ist die älteste Technische Hochschule Deutschlands. 1825 wurde das damalige Polytechnikum nach dem Vorbild der Pariser »École polytechnique« gegründet. Neben Mathematik und Naturwissenschaften wurden bald auch geisteswissenschaftliche Fächer wie Literatur, Geschichte und Kunstgeschichte sowie Volkswirtschaft angeboten. Unter den zahlreichen berühmten Persönlichkeiten, die an der Universität Karlsruhe gelehrt oder studiert haben, wäre außer den schon erwähnten noch der im Stadtteil Mühlburg geborene Automobilpionier Carl Benz (1844–1929) zu nennen, der in Karlsruhe studierte und 1914 Ehrendoktor der Universität wurde. Umstritten ist dagegen Fritz Haber (1868–1934). Der spätere Chemie-Nobelpreisträger lehrte

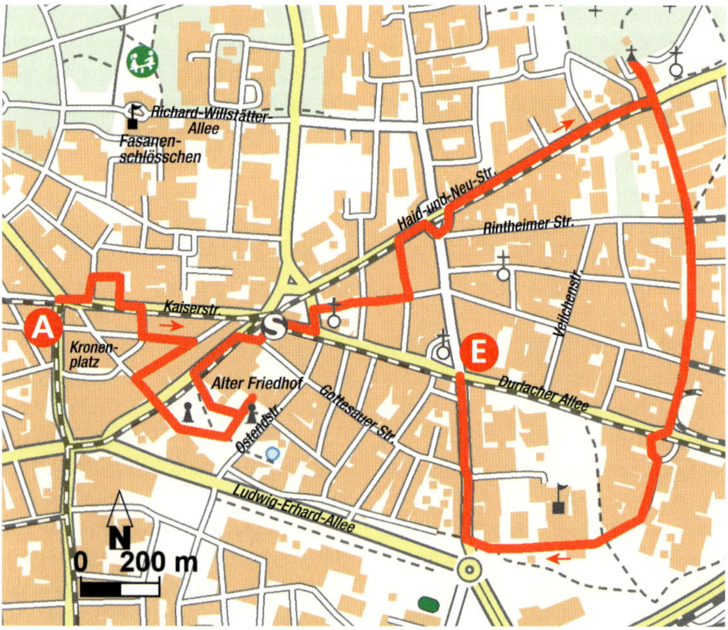

von 1894 bis 1910 in Karlsruhe und entwickelte hier die Hochdrucksynthese des Ammoniaks, Grundlage für die Kunstdüngerherstellung. Doch seine Forschung ermöglichte auch den von ihm selbst befürworteten Einsatz von Giftgas im Ersten Weltkrieg. Kritiker fordern deshalb die Umbenennung eines nach Haber benannten Wegs auf dem Universitätsgelände.

Derzeit verteilen sich die 25 000 Studierenden des KIT auf 11 Fakultäten und 125 Institute, ein knappes Viertel der Studierenden kommt aus dem Ausland. Eine herausragende Position unter Deutschlands Hochschulen nimmt das KIT in den Ingenieurwissenschaften und den Naturwissenschaften ein. 1972 wurde an der Karlsruher Universität die erste Informatik-Fakultät gegründet. Die Einführung computerisierter Hörsäle und eines flächendeckenden Hochgeschwindigkeitsnetzes waren bundesweite Pionierleistungen. Geschichte schrieb die Karlsruher Universität auch im Jahr 1984. Damals ging hier in der Informatikabteilung die erste E-Mail in Deutschland ein, die über einen Mailserver empfangen wurde. Absender war das Massachusetts Institute of Technology (MIT). Die historische Mail, Sinnbild des Digitalzeitalters, ist heute als Ausdruck im Karlsruher Stadtarchiv dokumentiert.

2006 erhielt die Karlsruher Universität das Gütesiegel »Eliteuniversität«, das sie bis 2012 behalten durfte. 2009 kam es zur Fusion mit dem Forschungszentrum Karlsruhe zum Karlsruher Institut für Technologie, KIT. Damit konnte die Schranke zwischen Universität und Forschungsinstitut überwunden werden. Seither gliedert sich die Universität in Campus Süd (Zentrum) und Campus Nord (Eggenstein-Leopoldshafen).

Der Eingang zum Hauptgebäude des KIT.

Wir verlassen den Ehrenhof rechts durch das Portal an der Kaiserstraße und sehen gleich links gegenüber eines der ältesten Häuser

Karlsruhes, die Hausnummer 47. Das sogenannte **Seilerhäuschen** stammt aus dem Jahr 1723. Noch bis ins 20. Jahrhundert lebte hier eine Seilerfamilie, deshalb der Name. Das eineinhalbgeschossige Fachwerkgebäude mit dem Innenhof ist ein einzigartiges Dokument aus der Gründungsphase der Stadt.

An der nächsten Ecke Richtung Durlacher Tor geht es rechts über die Fasanenstraße ins **Dörfle**, das man als Karlsruhes Altstadt bezeichnen kann. Die Geschichte dieses einst Klein-Karlsruhe genannten Stadtteils begann schon mit dem Schlossbau. Außerhalb des Fächergrundrisses siedelten die sogenannten »Hintersassen«, die aus finanziellen Gründen nicht in der Lage waren, im Gebiet der eigentlichen Planstadt zu bauen. Straßenführung und Hausbau waren hier keinen Regeln unterworfen und verliefen anarchisch. Zunächst unabhängig, wurde das Dörfle 1812 in die Stadt eingemeindet.

Das Dörfle war immer ein Quartier der kleinen Leute. Handwerker und Händler lebten hier, in einigen Straßen konzentrierte sich auch die Prostitution. Nach dem Zweiten Weltkrieg empfand man die Wohnverhältnisse in den zwar pittoresken, doch baufälligen Häusern und den lichtlosen engen Straßen und Hinterhöfen als zunehmend ungesund. In den 1970er-Jahren wurde das Dörfle Schauplatz der größten Flächensanierung und des gewaltigsten Kahlschlags im Nachkriegsdeutschland. Viel alte Bausubstanz ging dadurch verloren. »Nur im östlichen Teil hat man, von Gewissensbissen geplagt, ein bisschen Objektsanierung betrieben« (Harald Hurst). Hier, am Fasanenplatz, in der Zähringerstraße, die wir nach links einschlagen, und in der rechts anschließenden Straße Am Künstlerhaus, konzentrieren sich einige urige Studentenkneipen und Biergärten und man kann mit einiger Fantasie noch ein wenig den früheren Charakter dieses Stadtteils erahnen.

Wir biegen links in die Waldhornstraße und kommen zur Kapellenstraße, die wir für eine kurze Besichtigung des **Alten Friedhofs** überqueren. Er wurde in der Zeit von 1804 bis 1876 genutzt und ist inzwischen zu einer Park- und Spielanlage umgestaltet worden. Die kleine Eingangskapelle zum Alten Friedhof schuf 1842 Friedrich Eisenlohr. Rechts gehen wir an ihr vorbei, nehmen dann den schräg links abzweigenden Weg und überschreiten am Beginn des Fußballplatzes die Grünanlage nach links. Im Hintergrund zeigt sich die erhalten gebliebene sogenannte Gruftenhalle mit alten Grabsteinen und Sarkophagen unter anderem von badischen Hofbeamten wie etwa Karl Friedrich Nebenius (1784–1857), der die Grundlagen der badischen Verfassung von 1818 ausarbeitete. Davor erinnert das

■ **Auf dem Alten Friedhof an der Kapellenstraße.**

1847 von Großherzog Leopold errichtete Denkmal mit einer weißen Engelsfigur an die 62 Männer und Frauen, die 1847 beim Brand des Hoftheaters ums Leben kamen.

Auf dem Weg entlang des benachbarten Schulgeländes gehen wir zurück zur Kapellenstraße und nach rechts zum Durlacher Tor, wo die **Oststadt** beginnt. Dieser heute vor allem bei Studenten sehr beliebte Stadtteil entwickelte sich Ende des 19. Jahrhunderts zunächst auf dem Gelände der ehemaligen Hofküchengärten, aus denen die Angestellten des Hofes jahrzehntelang mit Gemüse versorgt worden waren. Geplant war ein Quartier für Handwerker und Bürger – im Wohnniveau zwischen nobler West-

■ **Die schlanke Silhouette der Bernharduskirche dominiert am Durlacher Tor.**

stadt und dem Arbeiterviertel Südstadt. Die ersten Straßen in der Oststadt legte man Ende der 1880er-Jahre als vornehme Alleen an, die sternförmig vom Durlacher Tor ausgingen. Vorbild waren die Pariser Boulevards. Später ließ man auch kurvenförmige Straßen zu. Der zunächst recht einheitliche Stil der Häuser wurde nach und nach immer individueller. Einst war die Oststadt auch durch große Industriebetriebe geprägt: Die Nähmaschinenfabrik Haid & Neu, die Parfümfabrik Wolff & Sohn, die Brauerei Hoepfner und die Zuckerfabrik Adolf Speck ließen sich hier in meist großzügigen Fabrikpalästen nieder. Auch der Schlachthof, ein Gaswerk und Kasernen befanden sich hier. So war die Oststadt von Anfang an ein heterogener Stadtteil – und ist es bis heute geblieben.

Lange Zeit war das **Durlacher Tor** die östliche Grenze der Stadt. An der Stelle, wo heute die Brunnenstraße in die Kaiserstraße einmündet, stand von 1772 bis 1875 das von Wilhelm Jeremias Müller errichtete Durlacher Tor, das dem zunehmenden Verkehr weichen musste. Heute ist der Platz eine verkehrsumtoste Kreuzung. Sie wird dominiert von der schlanken Silhouette der **Bernharduskirche** – für viele eines der gelungensten neogotischen Bauwerke in Baden. Architekt Max Meckel (1847–1910) steigerte die überragende Wirkung des Bauwerks noch dadurch, dass er die Kirche auf einen 1,50 Meter über dem Straßenniveau befindlichen Sockel platzierte. Ganz offensichtlich waren spätgotische Kirchenbauten am Oberrhein das Vorbild für den Architekten, der eine dreischiffige Basilika mit Lang- und Querhaus entwarf. Meckel, der die Kirche als Gesamtkunstwerk betrachtete, zeichnete auch für das Inventar wie etwa die Beichtstühle verantwortlich. Im Zweiten Weltkrieg wurden die Glasmalereien und die Orgel zerstört, die komplette Altarausstattung konnte aber gerettet werden. St. Bernhardus war bei der Vollendung 1901 erst die dritte katholische Kirche in Karlsruhe.

Wir gehen hinter der Kirche ein Stück durch die Ludwig-Wilhelm-Straße und dann nach links durch die Rudolfstraße, in der sich heute noch besonders schöne Häuserreihen finden. Am Ende kommen wir rechts zum Karl-Wilhelm-Platz. Weiter folgen wir der Haid-und-Neu-Straße, die an die frühere Nähmaschinenfabrik gleichen Namens auf der linken Seite erinnert. Die Fabrik, die in ihren besten Zeiten über 3000 Mitarbeiter beschäftigte, wurde 1958 von der Singer AG übernommen und 1982 endgültig geschlossen. Heute sind nur noch das ehemalige Schreinerei- und das Magazingebäude von der einst umfangreichen Fabrikanlage übrig. In dem Schreinereigebäude hat seit 1984 die **Technologiefabrik** ihren Sitz, einer der wesentlichen Impulsgeber der Technologieregion Karlsruhe. Schräg gegenüber zieht die wuchtige **Hoepfner-Burg** die Blicke auf sich, ein noch weitgehend intaktes Beispiel für Industriearchitektur des späten 19. Jahrhunderts. Mit Zinnen, Erkern, Türmen und dem festungsartigen Charakter erweckt das 1891 entstandene Brauereigebäude den Eindruck einer mittelalterlichen Burganlage. Der Architekt Hermann Walder folgte damit einem damals modischen Trend – gerade Brauereien wurden zu jener Zeit gerne als Burgen gebaut. Blickpunkt ist der hinter dem Hauptportal aufragende Rundturm, der mit seinem Helmdach an einen mittelalterlichen Bergfried erinnert und zum Wahrzeichen der Hoepfner-Brauerei geworden ist. Die Hoepfner-Burg ist keineswegs so abweisend, wie sie auf den ersten Blick erscheint: Beliebt ist in den Sommermonaten der große, schattige Biergarten, und das einmal im Jahr stattfindende Burgfest lockt immer Tausende von Besuchern an.

Danach erreichen wir den **Hauptfriedhof.** Er ist der älteste kommunale Parkfriedhof Deutschlands und auf jeden Fall einen Besuch wert (Infos dazu S. 168). Josef Durm gestaltete hier keine steinerne Totenstadt, sondern eine großzügige Parkanlage nach englischem Vorbild. Verschlungene Wege führen unter alten Eiben und Platanen entlang, Gräber und üppige Grünanlagen bilden eine natürliche Einheit. Der Besucher schreitet zunächst durch ein prächtiges, in Form eines Triumphbogens gestaltetes Eingangsportal im Stil italienischer Frührenaissance und gelangt dann in einen weiträumigen Innenhof, der von einer Gruftenhalle mit Rundbögen umschlossen wird. Aufwändig gestaltet ist die Grabkapelle. Eine Rosette mit Christuskopf über dem Eingang wird von einem u-förmigen Fries mit Pflanzenmotiven gesäumt. Glockentürmchen und Engel schmücken das Dach. Der Goldton des Sandsteins un-

■ **Das im italienischen Stil gestaltete Eingangsportal zum Hauptfriedhof.**

terstreicht den heiter-freundlichen Eindruck der Durm'schen Architektur. Auf dem Hauptfriedhof sind viele bekannte Karlsruher bestattet, unter ihnen der Schriftsteller Joseph Viktor von Scheffel (1826 bis 1886) und der Maler Hans Thoma (1839–1924). Über die Gestaltung mancher Grabanlagen – gerade auch aus jüngster Zeit – mag man streiten, einen Blick sind die auffälligen, teilweise bizarr anmutenden Monumente auf jeden Fall wert.

Unsere Tour geht dann vor dem Friedhofsportal auf der Tullastraße nach Süden zur Durlacher Allee. Auf der anderen Seite liegt der **Kreativpark Alter Schlachthof**. Hier hat sich auf dem Gelände des ehemaligen städtischen Schlachthofs, in einem Ensemble aus alter und neuer Architektur, in den letzten Jahren eine spannende Mischung aus Alternativkultur und Hightechfirmen herausgebildet. Denn neben verschiedenen Kulturzentren und Clubs wie etwa dem »Tollhaus« (Infos dazu S. 139) oder dem »Substage« (Infos dazu S. 138) haben sich auch Werbeagenturen, Medienfirmen und IT-Unternehmen angesiedelt. Einzelne Künstler haben in den denkmalgeschützten Gebäuden ihre Ateliers und Studios eröffnet. Dazwischen finden sich eingestreut Cafés und andere Ruheoasen. Eine gelungene Konversion – doch die Spuren des ehemaligen Schlachthofs finden sich bei genauerem Hinschauen noch überall. Einen guten Einblick in das Innenleben der Theater, Clubs und Ateliers auf dem Schlachthofareal gibt der Tag der offenen Tür, der unter dem Motto »ausgeschlachtet« jeweils an einem Sonntag im Mai stattfindet.

Vom Schlachthof zum Kreativpark

Schon 14 Jahre nach Stadtgründung besaß Karlsruhe einen ersten Schlachthof. Er befand sich im damaligen Rathaus und verfügte über zwei separate Schlachträume – für die jüdische und die christliche Bevölkerung. Mit jeder Stadterweiterung musste der Schlachthof mit seiner erheblichen Geruchs- und Lärmbelästigung umziehen, insgesamt dreimal. 1885 wurde er schließlich an den damaligen östlichen Stadtrand verbannt.

Stadtbaumeister Wilhelm Strieder bekam klare Bauvorgaben: »Das Widerliche, welches aus dem Zwecke der Anstalt hervortritt, muss durch die Kunst des Architekten gewissermaßen verhüllt oder mindestens abgeschwächt werden.« Ein »gefälliges Äußeres« wurde verlangt – und der neue Schlachthof mit seinen stilvollen Sandsteinbauten entsprach dem. Die Anlage war zweigeteilt. Links der Schlachthausstraße befand sich der Viehhof, rechts der Schlachthof. Auf dem Viehhof verkauften die Bauern ihre Tiere, das Schlachten fand auf der anderen Seite statt. Heute stehen auf dem ehemaligen Viehhofareal nur noch wenige alte Gebäude wie die ehemalige Markt- und Wiegehalle, in die das »Tollhaus« eingezogen ist, oder die gegenüberliegende Schweinemarkthalle aus dem Jahr 1927. Weitaus mehr denkmalgeschützte Gebäude sind auf dem Schlachthofgelände auf der anderen Seite der Straße erhalten geblieben.

Im Laufe der Zeit erhielt der Schlachthof immer mehr Gebäude wie zum Beispiel ein Pferdeschlachthaus, ein neues Schweineschlachthaus, ein Seuchenschlachthaus, eine Vorkühlhalle mit Eisfabrik, eine Talgschmelze und anderes. An der Durlacher Allee schloss der Vieh- und Schlachthof mit einem repräsentativen Verwaltungsbau sowie einem Gasthaus ab, in dem auch die Viehbörse stattfand. Später kam neben den Verwaltungsbau noch ein Wohnhaus für den Direktor.

Seine beste Zeit erlebte der Schlachthof in den 1960er-Jahren, als der Fleischkonsum im Wirtschaftswunderland Deutschland immer neue Rekorde erreichte. Damals arbeiteten hier mehr als hundert Menschen. Doch nur ein Jahrzehnt später begann bereits der Niedergang. Zwei alte Schlachthallen wurden abgerissen und eine zeitgemäße Großmarkthalle errichtet, doch der negative Trend war nicht aufzuhalten. Die Schlachtzahlen sanken kontinuierlich. Bereits 1992 hielt mit dem »Tollhaus« der erste Kulturbetrieb auf dem Viehhof Einzug. Als der Schlachthof 2006 endgültig schloss, waren die Weichen Richtung Kreativpark längst gestellt.

Geht man die Schlachthausstraße weiter, zeichnet sich im Hintergrund bereits die unverwechselbare Silhouette des **Schlosses Gottesaue**

Schloss Gottesaue ist Heimat der Musikhochschule.

mit seinen wuchtigen Rundtürmen ab, in dem seit 1989 die **Hochschule für Musik Karlsruhe** residiert. Der Ursprung der Musikhochschule geht bis ins Jahr 1812 mit der damaligen »Singanstalt« zurück. 1929 wurde die Badische Hochschule für Musik gegründet, die 1971 vom Land Baden-Württemberg als eine von fünf Staatlichen Musikhochschulen übernommen wurde. An der Musikhochschule Karlsruhe sind zurzeit etwa 650 Studierende immatrikuliert, über 200 Lehrbeauftragte und Professoren bilden sie unter anderem als Musiker, Musiklehrer und Opernsänger aus. Neben dem Institut für neue Musik und Medien, das sich der zeitgenössischen Musik widmet, gibt es auch ein »Institut für MusikTheater«, an dem qualifizierte Opernsänger ausgebildet werden. An künftige Musikjournalisten wendet sich das Aufbaustudium Musikjournalismus. Noch relativ neu ist der Studiengang Musikwissenschaft und Musikinformatik (Infos auch zu Veranstaltungen S. 138).

Vom Kloster zur Musikhochschule

Schloss Gottesaue ist wesentlich älter als die Stadt Karlsruhe. Es wurde 1588–1594 von dem Straßburger Baumeister Johannes Schoch im Auftrag des Markgrafen Ernst

Friedrich an der Stelle des ehemaligen Benediktinerklosters Gottesaue erbaut, das 1094 gegründet und 1525 zerstört worden war. Das Lustschloss Gottesaue wurde im Stil der Renaissance mit fünf Türmen und einer reich gegliederten Fassade errichtet, innen war es prachtvoll ausgestattet. Zwei Brände 1689 und 1735 verheerten es jedoch. 1740 wurde es in vereinfachter Form und mit Kuppeltürmen wiederaufgebaut und fortan als herrschaftliches Kammergut genutzt. Da alle Versuche einer wirtschaftlichen Nutzung jedoch wenig erfolgreich waren, wurde das Schloss 1818 zu einer Kaserne umgebaut. Nach den Zerstörungen im Zweiten Weltkrieg blieb das Wahrzeichen der Oststadt für Jahrzehnte eine Ruine. Erst Ende der 1970er-Jahre beschloss man den Wiederaufbau, der 1989 vollendet wurde. Dabei entschied man sich für einen Kompromiss zwischen dem Ursprungsbau aus dem Jahr 1589 und dem Zustand des Schlosses vor dem Luftangriff 1944 sowie einigen zeittypischen Bauelementen. Bei den Arbeiten kam die Grabplatte des Klostergründers Graf Berthold von Hohenberg aus dem 14. Jahrhundert zum Vorschein, die seit 1689 verschwunden war. Sie ist heute im Foyer des Schlosses zu sehen.

In den Sommerferien ist Schloss Gottesaue prächtige Kulisse für das beliebte Open-Air-Kino, das die »Schauburg« dort seit vielen Jahren veranstaltet (Infos dazu S. 136).

Über die nach rechts führende Wolfartsweierer Straße gelangen wir zurück zur Durlacher Allee und zum **Gottesauer Platz**. Der Brunnen wurde 1965 von den Künstlern Heinrich Stephan und Hans Lux geschaffen, Inschriften an der Umrandung erzählen die Geschichte von Gottesaue. Auf der anderen Seite der Durlacher Allee erhebt sich die evangelische **Lutherkirche**, die in den Jahren 1905–1907 von dem Architektenteam Robert Curjel und Karl Moser erbaut wurde. Als Materialien verwandten sie Bossenquader, Haustein und Granit. Der Kirchenbau weist Elemente der Neoromanik und des Jugendstils auf. Er hebt sich damit deutlich von der neogotischen Bernhardus-Kirche am Durlacher Tor ab. Dieser Unterschied war gewollt, denn man fand, dass ein klarer, nüchterner Stil zum Luthertum besser passe. Der predigende Reformator ist am Fuß des Turms als monumentale Skulptur von Bildhauer Oskar Kiefer dargestellt. Im Innern wirkt der Kirchenbau großzügig und weit. Eine plastische Darstellung der Bergpredigt beherrscht die Kanzelwand. Die Kirche bildet mit dem Pfarr- und Gemeindehaus eine architektonische Einheit. Umrahmt wird das Ensemble von den schön gestalteten Häusern der Melanchthonstraße, ebenfalls Schmuckstücke des Jugendstils.

Durlach

Tourbeginn und -ende: *Karlsburg*

Haltestellen des öffentlichen Verkehrs: *Schlossplatz, Friedrichschule, Turmberg*

Tourenlänge: *circa 3 Kilometer (mit Weg zur Turmbergbahn und zurück 4 Kilometer, mit Fußweg auf den Turmberg und zurück 5 Kilometer)*

Höhenunterschiede: *keine (beim Weg zur Turmbergbahn circa 20 Meter, beim Fußweg auf den Turmberg 140 Meter)*

Einkehrmöglichkeiten: *mehrere*

Durlach ist viel älter als die Karlsruher Kernstadt, ja es ist sogar die Wiege der ehemaligen badischen Residenzstadt, was heute noch an der Karlsburg, dem einstigen Sitz der Markgrafen, zu erkennen ist. Wie nirgendwo sonst im Stadtgebiet findet man hier noch mittelalterliche Reminiszenzen wie Reste einer alten Stadtmauer, ein turmbewehrtes Stadttor oder krumme Gässchen, und auch die kreisförmige Stadtanlage hebt sich deutlich von der auf dem Reißbrett geplanten Fächerstadt ab. Durlach konnte bis 1938 seine Selbstständigkeit wahren und hat immer noch einen sehr eigenen, geschlossenen Charakter. Erfreulich viel alte Bausubstanz hat die Weltkriege überstanden. Gepflegte Häuser, zahlreiche individuelle Geschäfte, Restaurants und Kneipen sorgen für ein besonderes Flair. So ist es nicht verwunderlich, dass Durlach zu den begehrtesten Wohnlagen gehört.

Als Beginn der Besichtigungstour bietet sich die zentral gelegene Karlsburg an, da sie einerseits direkt mit der Straßenbahn erreichbar ist und andererseits für einen Turmbergbesuch günstig liegt. Die **Karlsburg** war bis Anfang des 18. Jahrhunderts Sitz der Markgrafen von Baden-Durlach. Die Ursprünge des mächtigen Barockbaus reichen jedoch noch erheblich weiter zurück. Nachdem Markgraf Karl II. sich entschlossen hatte, seine Residenz von Pforzheim nach Durlach zu verlegen, ließ er ab 1563 die mittelalterliche Burg zu einem Schloss ausbauen. Auch seine Nachfolger erweiterten den Bau. In ihrer heutigen Form präsentiert sich die Karlsburg als vielseitiges und lebendiges Kulturzentrum. Es beherbergt das Pfinzgaumuseum, das

Die Karlsburg war bis Anfang des 18. Jahrhunderts Sitz der Markgrafen.

Karpatendeutsche Heimatmuseum, das Badische Konservatorium sowie Zweigstellen der Stadtbibliothek, der Volkshochschule und des Markgrafen-Gymnasiums. Der historische Festsaal wird für kulturelle und festliche Anlässe genutzt.

Auszug aus Durlach

Die Karlsburg wurde bis auf den Prinzessenbau zusammen mit der Stadt 1689 im Pfälzischen Erbfolgekrieg weitgehend von den Franzosen zerstört und niedergebrannt und ab 1698 nur zu einem kleinen Teil wiederaufgebaut. Als Markgraf Karl Wilhelm (1679–1738) 1709 an die Regierung kam, sah er sich gezwungen, ein neues Residenzschloss zu errichten. Er entschied sich, aus der engen Stadt Durlach auszuziehen und legte 1715 den Grundstein zu einer neuen Residenz im Hardtwald – Schloss und Stadt Karlsruhe wurden damit gegründet. Der 1698 nach Plänen des Italieners Domenico Egidio Rossi begonnene Ausbau der Karlsburg wurde so nicht weiter verfolgt. Markgräfin Magdalene Wilhelmine (1677–1742) zog es allerdings vor, in Durlach zu bleiben, um die Eskapaden ihres Gemahls nicht mit ansehen zu müssen. Nur gelegentlich kam sie zu offiziellen Anlässen nach Karlsruhe.

Das **Pfinzgaumuseum** wurde 1924 gegründet. Nach einer grundlegenden Überarbeitung der inhaltlichen Konzeption wurde es 1994 neueröffnet. Es vermittelt einen umfassenden Eindruck vom Leben in einer ländlich geprägten Amtsstadt. Besonders sei auf die reichhaltige Sammlung an Stücken aus der Durlacher Fayence verwiesen (Infos dazu S. 133). Das **Karpatendeutsche Museum** informiert über die Kulturgeschichte der Deutschen in der Slowakei bis zu ihrer Vertreibung am Ende des Zweiten Weltkrieges (Infos dazu S. 133).

Das Eckhaus Karlsburgstraße/Pfinztalstraße am Platz vor der Karlsburg gehörte früher zu den Wirtschaftsgebäuden des Schlosses und beherbergt heute mit dem Max-Reger-Institut (MRI) eine musikwissenschaftliche Forschungsstätte. An der Seite der Pfinztalstraße befindet sich einige Meter weiter ein schmiedeeisernes Tor, hinter dem noch Gebäudeteile der alten Karlsburg mit massivem Mauerwerk im unteren und einer mittlerweile durch Anstrich verdeckten Fachwerkkonstruktion im oberen Bereich zu erkennen sind. Bemerkenswert sind der steinerne, über Eck gebaute Balkon, früher »Altan« genannt, und das auf circa 1570 datierbare Treppenhaus im Inneren des Gebäudes, das Steinmetzzeichen des Straßburger Münsters trägt.

Unser Rundgang folgt nun der Eichelgasse auf der anderen Seite der Pfinztalstraße und geht zunächst ein Stück entlang der »neuen« Stadtmauer aus dem 15. Jahrhundert, genauer deren seit 1689 übrig gebliebenen Reste. Nach einem Knick mündet die Eichelgasse in die Jägerstraße ein. Wir wenden uns nach rechts bis zum Haus Nr. 32 und gelangen durch eine Toreinfahrt in ein schmales Sackgässchen. Es eröffnet nicht nur einen malerischen Blick auf die liebevoll restaurierten Gebäude, sondern vermittelt auch eine gute Vorstellung von der drangvollen Enge, in der die meisten Durlacher früher lebten. Hier wohnten und arbeiteten einst viele Handwerker wie Weber, Küfer und Kettenschmiede. Im **Jägerhaus** (Nr. 48) befanden sich ein städtisches Spinnhaus und eine Strohhutfabrik für Arme. Bis in die Mitte des 20. Jahr-

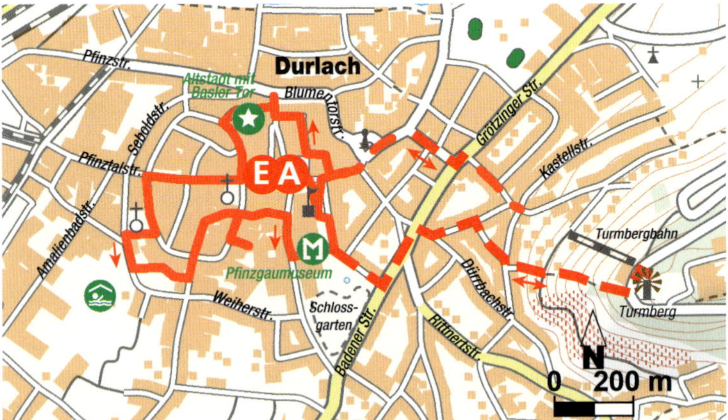

hunderts zählten sowohl die Eichelgasse als auch die Jägerstraße zu den ärmsten Gegenden Durlachs.

An der Ochsentorstraße ist fast der nördlichste Punkt der Stadtmauer nach ihrer Erweiterung im 15. Jahrhundert erreicht. Überreste dieser **Stadtmauer**, in die heute recht gelungen Häuser integriert sind, kann man bei einem kurzen Abstecher zur äußeren Seite noch gut erkennen. Gegenüber der Einmündung der Ochsentorstraße in die Pfinzstraße steht außerdem das Haus der ehemaligen Durlacher Fayence-Manufaktur, rechts daneben das renommierte Gasthaus »Zum Ochsen«. Die traditionsreiche Schildwirtschaft bestand bereits vor 1689.

An der linken Seite der Gasse An der Stadtmauer steht seit 1574 das frühere **Schlachthaus**. Es zählt zu den wenigen Gebäuden, die noch wesentliche Bausubstanz aus der Zeit vor 1689 aufweisen, da beim großen Brand nur das Obergeschoss zerstört wurde. Das heutige Untergeschoss besteht aus einer sechsteiligen Halle, die in den Jahren 1659–1664 aus Stein gebaut wurde, während das in Fachwerkbauweise wiedererrichtete Obergeschoss erst 1749/50 entstand. Eines der ältesten Häuser Durlachs findet sich danach an der rechten Ecke der Gasse mit der Bienleinstorstraße. Es stammt aus dem Jahr 1588, das heißt, es zählt zu den wenigen »Überlebenden« der Katastrophe von 1689. Etwas weiter links in der Zunftstraße liegt das **Uexküllsche Palais**, dessen Erbauer, der Freiherr von Uexküll, zeitweise auch Erzieher des späteren Stadtgründers Markgraf Karl Wilhelm war. Über die Zunftstraße geht es zurück zur Pfinztalstraße. Schon im Mittelalter war diese einzige Ost-West-Achse Durlachs Haupt- und Durchgangsstraße. Heute ist sie die lebendige Geschäftsstraße dieses Stadtteils.

Der historische **Marktplatz** wird vom Rathaus und der Stadtkirche flankiert. In der Mitte zieht der gusseiserne Brunnen, im Volksmund auch »**Liebesbrunnen**« genannt, die Blicke auf sich: Unter dem Baldachin umarmt sich ein nacktes Paar, während den Brunnenrand verschiedene Tiere wie Raben, Igel oder Hasen zieren. Diese aktuelle Brunnenversion gestaltete 1992 der Künstler Klaus Ringwald, während der Brunnentrog aus dem Jahr 1862 stammt. Das erste **Rathaus** Durlachs wurde durch den Brand von 1689 in Schutt und Asche gelegt, und die leeren Kassen der verarmten Stadt führten dazu, dass erst 1715 mit dem Bau eines neuen Rathauses begonnen werden konnte. Äußerlich war das mit Buntsandstein und im Barockstil gehaltene Rathaus von Anfang an repräsentativ gestaltet. Es wird gekrönt von einer Rathausuhr sowie einer Justitia, die der Heidelberger Künstler Justus Maucher schuf.

Direkt daneben befindet sich die **Stadtkirche**, deren älteste noch erhaltene Teile – es handelt sich dabei um den unteren, viereckigen Teil des Westturmes mit den rundbögigen Eingängen und Fenstern – aus dem 12. Jahrhundert stammen. Ende des 15. Jahrhunderts wurde die 1464 dem heiligen Stephanus geweihte Kirche erheblich ausgebaut: Parallel zur Erweiterung des Langhauses entstanden in dieser Zeit der Chor sowie der achteckige Turmaufsatz. Mit der Einführung der Reformation in Baden-Durlach 1555/56 »wechselte« die Kirche ebenfalls zum Protestantismus über. Ihr Wiederaufbau nach der Zerstörung 1689 erfolgte relativ rasch, denn bereits im Jahr 1700 konnte die Kirche eingeweiht werden, wobei der Turm allerdings erst sehr viel später vollendet wurde.

Wir folgen der Pfinztalstraße am Rathaus vorbei und gelangen – nach der rechts liegenden, im Jahr 1878 errichteten Friedrich-Realschule – zur Kreuzung mit der Bienleinstorstraße rechts und der Kelterstraße links. Hier verlief die mittelalterliche Ringstraße an der Innenseite der Stadtmauer. Über die Kelterstraße geht es zur **Kirche St. Peter und Paul**. Sie wurde 1899/1900 auf dem Gelände der ehemaligen markgräflichen Kelter im neugotischen Stil errichtet. Mit ihr besaßen die katholischen Bewohner der Stadt erstmals seit der Einführung der Reformation in Baden-Durlach 1555 wieder eine eigene Stadtkirche. Der repräsentative Bau wurde vom erzbischöflichen Baudirektor Maximilian Meckel (1847–1910) entworfen und zeugte nach Beendigung des sogenannten »Kirchenkampfes« unter Bismarck von einem gestärkten Selbstbewusstsein des Katholizismus.

Auf der anderen Seite der Kirche geht es links am Bismarckdenkmal vorbei über die Gärtnerstraße auf den **Alten Friedhof**. Er wurde von etwa 1550 bis zu seiner Aufhebung im Jahr 1900 als letzte Ruhestätte der Durlacher genutzt. In den 1950er-Jahren wurde er in eine Grünanlage umgestaltet. Von hieraus bietet sich ein interessanter Blick auf den Verlauf der früheren Befestigungsanlagen und auf die Stadtsilhouette. 1712 wurde die **Nikolauskapelle** am anderen Ende des Friedhofs erbaut, die heute allerdings nicht mehr für kirchliche Zwecke genutzt wird. In ihrem Umkreis, vor allem entlang der nördlichen Außenmauer, befinden sich noch vereinzelt Grabsteine und Grabplatten bekannter Durlacher Persönlichkeiten, von denen insbesondere das freistehende Grabmal des 1822 nach Durlach strafversetzten liberalen Politikers und Kreisdirektors Ludwig August Friedrich Freiherr von Liebenstein auffällt.

Die nächste Station ist das **Basler Tor**. Das Tor, durch welches die Straße nach Ettlingen verlief, entging als einziges dem Schicksal der

Die Durlacher Stadtkirche mit dem Rathaus.

Das Basler Tor ist das einzige heute noch bestehende Stadttor.

anderen Stadttore im 19. Jahrhundert, da eine Straßenerweiterung wegen des geringen Verkehrs nicht erforderlich war. Den großen Brand von 1689 überstand es relativ unbeschadet, lediglich das Obergeschoss und das Dach wurden zerstört. Der kleine Platz zwischen Kapelle und Tor wurde in den 1970er- und 1980er-Jahren neu gestaltet und mit einem Brunnen versehen. Auf der alten Ringstraße hinter dem Tor fällt das kleine, hübsch gestaltete Haus auf, dessen Baustil völlig aus dem bislang gewohnten Durlacher Rahmen fällt. Der Backsteinbau mit seiner verspielt wirkenden Form verdankt seine Entstehung dem um 1900 grassierenden Faible für die Schweiz und dem daraus resultierenden Bauen in einem Stil, den man als typisch für das Alpenland empfand.

Geradeaus durch das Schoppengässchen kommt man zur Straße Am Zwinger und zum **Saumarkt**. Rechts steht ein 1702 erbautes Barockhaus, in dem sich von 1844 bis

1912 die 1825 gegründete »Töchterschule« befand. Heute ist das Gebäude Teil des Gemeindehauses der evangelischen Stadtkirche. Auf dem Gelände des Saumarktes hinter der Stadtkirche stand einst das **Gymnasium illustre**, das Durlacher Gymnasium.

Ein Gymnasium im 16. Jahrhundert

Die 1586 errichtete Schule war nach Straßburg das größte Gymnasium in Südwestdeutschland. An ihr unterrichteten bedeutende Gelehrte. Auch eine zweijährige Hochschule war angeschlossen, da Baden sonst über keine Universität verfügte. Der dreigeschossige, mit einem achteckigen Turm versehene Bau besaß nicht nur ein sehr repräsentatives Äußeres, sondern auch ausgesprochen großzügige Ausmaße. Im Erdgeschoss befanden sich Lehrer- und Arbeitszimmer, Bibliothek, Musikalienkammer sowie die Küche und der Speisesaal. Die Wohnung des Rektors, der häufig auch auswärtige Schüler in Kost und Logis hatte, belegte den ersten Stock. In den restlichen Geschossen waren das Auditorium, weitere Lehrsäle sowie die Zimmer der Stipendiaten untergebracht. Nach dem Brand von 1689 wurde das Gymnasium in verschiedene Provisorien verlegt, schließlich in das neugegründete Karlsruhe, und aus einer verbliebenen Schule wurde das heutige Markgrafen-Gymnasium östlich der Altstadt.

Bei Grabungen in den 1980er-Jahren fand man Überreste des alten Gymnasiums, dessen Standort zuvor nicht sicher war. Ebenfalls stießen dort Bauarbeiter 1991 auf die Reste eines 1689 abgebrannten Bürgerhauses, aus dem das erhalten gebliebene Inventar des Untergeschosses geborgen werden konnte. Die Funde, die heute vom Landesdenkmalamt aufbewahrt werden, ermöglichen eine bessere Kenntnis des damaligen Lebens in Durlach. Auf dem Saumarkt fand bis 1870 der Schweinemarkt statt, dieser wurde später auf den Weiherhof verlegt. Heute wird jeden Mittwoch auf dem Saumarkt ein Wochenmarkt veranstaltet.

Rechts an der Kirche vorbei geht der Rundgang weiter zur **Amthausstraße**, einer der schönsten Straßen Durlachs, die mit stattlichen Bürgerhäusern aus dem 18. Jahrhundert glänzt. Wir wenden uns zunächst nach rechts. Kurz hinter dem Polizeirevier (Nr. 11), früher Sitz des Oberamtes, führt links ein schmaler Durchgang zur einstigen **Orgelfabrik Voit**, die von 1764 bis in die erste Hälfte des 20. Jahrhunderts bestand und heute ein sehr gefragtes Kulturzentrum mit einem anspruchsvollen Ausstellungs-, Musik- und Theaterprogramm beherbergt. Unser Weg führt in der Amthausstraße zurück und zweigt rechter Hand in die Bäderstraße ab, deren heutiger Name auf das seit 1709 vermutlich im Haus Nr. 5 eingerichtete städtische Bad zurückgeht. An der Kreuzung mit der Rebenstraße steht rechts das renovierte **Bäderbrünnele**, bei dem es sich um einen der vier großen öffentlichen Brunnen handelte, über die Durlach im 18. Jahrhundert verfügte. Rechts über die Marstall- und dann links über die Prinzessenstraße geht es zum **Schlossgarten**. Ende des 18. Jahrhunderts ging es dort allerdings alles andere als nobel zu, er war vielmehr ein Treffpunkt der niederen Stände. Zum Verdruss des Hofgärtners tummelten sich dort sonntagabends Knechte, Mägde, Handwerksburschen, Soldaten und Kinder, die dabei wenig Rücksicht auf die Gartenanlagen nahmen.

Für einen Ausflug auf den **Turmberg**, das 256 Meter hohe Wahrzeichen Durlachs, bietet sich nach der Rundtour die nostalgisch anmutende Turmbergbahn an. Die Talstation der Bahn ist über die Pfinztalstraße, dann rechts die Grötzinger Straße und hinter der Straßenbahnhaltestelle Turmberg, jenseits der Kreuzung, über die Bergbahnstraße in etwa zehn Minuten Fußweg zu erreichen (Infos dazu S. 175).

■ **Vom Turmberg bietet sich ein toller Blick über die Stadt.**

Nostalgisch und gemütlich: Die Turmbergbahn.

Die Turmbergbahn

Sie ist die älteste noch in Betrieb befindliche Standseilbahn Deutschlands. Allerdings sind Fahrzeuge und Infrastruktur nicht mehr im Originalzustand. Sie wurde unter Leitung des Freiburger Ingenieurs Karl Müller als Standseil-Zahnradbahn gebaut und 1888 in Betrieb genommen. Damals fuhr sie noch mit einem Wasserballast-Antrieb, der erst 1966 durch Elektrik ersetzt wurde. Mit einer Geschwindigkeit von 7,2 Stundenkilometern bringt die Turmbergbahn die Passagiere ganz gemütlich nach oben. Dabei überwindet sie einen Höhenunterschied von 100 Metern.

Sportliche können den Berg auch auf dem »Hexenstäffele« besteigen, einem Treppenweg mit 528 Stufen. Dazu gehen sie die Karlsburgstraße von der Pfinztalstraße weg, am Ende links entlang der Badener Straße, überqueren diese an der Kreuzung, gehen danach noch weiter an ihr entlang bis zur Turmbergstraße, diese hinauf und rechts auf der Haldenwangstraße bis zum Ende. Hier beginnt der Stäffeleweg.

Vom Turmberg eröffnet sich bei klarem Wetter nach Westen ein wunderbarer Blick über Durlach, Karlsruhe und die Rheinebene bis zu den Vogesen und den Pfälzer Bergen und in Richtung Osten zum malerischen Pfinztal. Die Bergstation, verbunden mit einer großen Aussichtsterrasse, liegt direkt zu Füßen der ursprünglich in der zweiten Hälfte des 11. Jahrhunderts von den Grafen von Hohenberg errichteten Burg. Auf dieser residierten anfangs auch gelegentlich die Markgrafen von Baden, bis sie Durlach als Residenz vorzogen. Die Funktion der Burg reduzierte sich fortan auf den Wachtturm. Dieser kann seit 1888 bestiegen werden. Verwöhnen lassen kann man sich anschließend im benachbarten Gourmetrestaurant.

TOUR 9 MUSTERSIEDLUNGEN DER MODERNE

Dammerstock und Gartenstadt Rüppurr

Tourbeginn: *Ettlinger Allee / Nürnberger Straße*

Tourende: *Ostendorfplatz*

Haltestellen des öffentlichen Verkehrs: *Dammerstock, Schloss Rüppurr, Ostendorfplatz*

Tourenlänge: *circa 3,5 Kilometer*

Höhenunterschiede: *keine*

Einkehrmöglichkeiten: *Nürnberger Straße, Ostendorfplatz*

Nicht nur für Architekturfans lohnt sich ein Besuch der Mustersiedlung **Dammerstock** im Süden Karlsruhes. Als eines der prominentesten Beispiele für Neues Bauen entstand sie in den 1920er-Jahren unter Leitung des Bauhaus-Künstlers Walter Gropius (1883–1969). Die Siedlung erstreckt sich linker Hand der Nürnberger Straße. Das Entree bildet das ehemalige Waschhaus hinter dem Restaurant »erasmus« am Eingang zur Danziger Straße.

Licht und Sonne

Die Stadt Karlsruhe baute die Mustersiedlung Dammerstock, um der damals herrschenden gravierenden Wohnungsnot zu begegnen. Vor allem sollte der Mangel an preisgünstigen Zwei- bis Dreizimmerwohnungen behoben und erschwinglicher Wohnraum für die »große Masse der Bevölkerung« angeboten werden. 1928 schrieb die Stadt einen Wettbewerb aus, bei dem unter anderem als Kriterium für die Mustersiedlung eine Zeilenbebauung in Nord-Süd-Richtung festgelegt wurde. Dies entsprach den damals aktuellsten Tendenzen des Neuen Bauens und bedeutete eine Abkehr vom Städtebau des 19. Jahrhunderts. Man wollte keine verschachtelten Innenhöfe, keine dunklen Wohnungen mehr. »Der Mensch sucht nach Klarheit und Wahrheit, nach Licht und Sonne«, sagte der damalige Karlsruher Stadtoberbaurat Dommer, »diesem veränderten Lebensgefühl sucht die Dammerstocksiedlung Rechnung zu tragen.« Anders als in Stuttgart-

Hier wird an die Dammerstock-Ausstellung von 1929 erinnert.

Weißenhof sollte im Dammerstock aber keine Versuchssiedlung des Neuen Bauens entstehen, sondern eine »Gebrauchssiedlung«.

Walter Gropius gewann den ersten Preis, der zweite ging an Otto Haesler. Zwar wurde Gropius mit der künstlerischen Gesamtleitung beauftragt, tatsächlich jedoch war die Siedlung ein Gemeinschaftsprojekt aus den prämierten Entwürfen. Die Mustersiedlung von 1929 bestand aus 228 Wohnungen und 23 verschiedenen Wohnungstypen. In der Ausstellung »Dammerstock-Siedlung, Gebrauchswohnung« wurden noch im gleichen Jahr die ersten Musterwohnungen der neugierigen Bevölkerung vorgestellt.

Vieles am Dammerstock war damals revolutionär: Die Ausrichtung der Wohnräume nach Westen, die zentrale Heizung und Warmwasserversorgung, die durchgehende Ausstattung der Wohnungen mit Balkonen oder Terrassen, Bädern und hochmodernen Einbauküchen. Die Wohnungen sind mit 45 bis 70 Quadratmetern nicht groß, aber äußerst funktional eingerichtet. Das geht bis zu Küchenschränken mit integrierten Aluminiumschütten. Außen fallen die Häuser durch ihre damals ungewöhnlichen Flachdächer auf, die serielle Reihung der Fenster, die teils vorspringenden verglasten Treppenhäuser und die Laubengänge an Obergeschossen, die Walter Gropius hier erstmals einführte. Auch an Gemeinschaftseinrichtungen wie eine Gaststätte und ein Zentralwaschgebäude (beide gleich am Eingang der Siedlung) wurde gedacht.

Unter den Nationalsozialisten kam das Neue Bauen in Verruf und wurde als »fremdländische Architektur« diffamiert. »Orientkasernen, die wie abgebrannte Häuser aussehen«, nannte einer der den neuen Machthabern nahestehenden Architekten die Zeilenhäuser. Aus »Dammerstock« wurde »Jammerstock«. Jetzt errichtete man vor allem an der Maria-Matheis-Straße Ein- und Zweifamilienhäuser in der »einheimischen Bauart mit spitzen Giebeldächern«. Auch in der Nachkriegszeit gab es immer wieder Veränderungen, die der Bauhaus-Architektur zuwiderliefen. Erst in den letzten Jahrzehnten bemüht man sich um Denkmalschutz. Der Dammerstock gehört heute nach wie vor einem Bauverein, entsprechend günstig und beliebt sind die Wohnungen in dem grünen, doch recht zentral gelegenen Stadtteil.

Unser Weg beginnt in der Danziger Straße. Sie wird von vierstöckigen Mehrfamilienhäusern geprägt. Die Häuser Nr. 1 und 3 stammen von Otto Haesler, Nr. 8 und 10 von Wilhelm Riphahn und Caspar Maria Grod, Nr. 12 und 14 von Walter Gropius. Ins Auge fallende Gestaltungsmittel sind die umlaufenden Fensterbänder und vorspringende verglaste Treppenhäuser (Haesler, Gropius). Bei Gropius dominieren die übereinander gelagerten Balkone die Ostfassade,

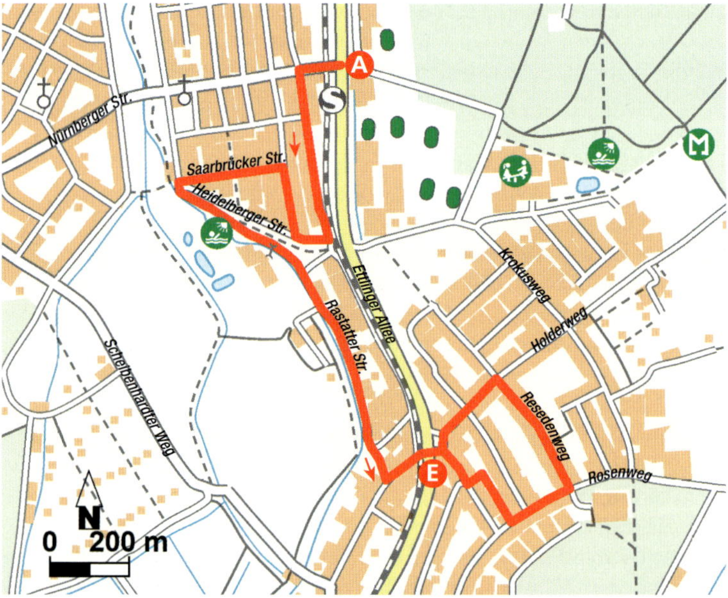

Mehrfamilienhäuser-Zeile im Dammerstock.

oben schließt das Haus mit einer Dachterrasse ab. Die Häuser Danziger Straße 8 und 10 bestehen aus Fünfzimmerwohnungen auf einer Fläche von nur 75 Quadratmetern. Geradezu typisch ist die »strenge Scheidung von Wohn-, Schlaf- und Wirtschaftsräumen«, die damals als Ideal des Neuen Bauens galt. Folgt man der Danziger Straße bis zum Ende und macht dann eine Kehre nach rechts in die parallele Dammerstockstraße, erkennt man rechts viergeschossige Laubenganghäuser. Sie stammen von Walter Gropius. 32 Zweizimmerwohnungen mit je 49 Quadratmetern Wohnfläche werden durch ein Treppenhaus sowie Laubengänge erschlossen. Eine lange Zeile schlichter Vierfamilienreihenhäuser von Franz Roeckle bestimmt die andere Straßenseite.

Auf beiden Seiten der Saarbrücker Straße liegen nun an den abzweigenden Wegen zweigeschossige Einfamilienreihenhäuser verschiedener Architekten, die in unterschiedlicher Weise Lösungen für das Wohnen auf engem Raum gefunden haben. In der Regel liegen die Wohn- und Essräume auf der Westseite im Untergeschoss, die Schlafräume oben. Die Küchen sind mit etwa 7 Quadratmetern sehr klein. Bei der Außengestaltung zeigen sich starke Variationen gerade bei den Fenstern – von kleinen mezzaninartigen Typen (Falkenweg rechts, Fritz Rößler) bis zu großzügigen Fensterbändern (Gropius, Falkenweg Nr. 53 und folgende). Auffallend ist die Einfamilienhausgruppe von Alfred Fischer, die linker Hand vor dem Ende der Saarbrücker Straße liegt. Das obere Stockwerk ist ein Dachgarten. Große Öffnungen, die die weggelassenen Fenster andeuten, geben dem Haus einen eleganten Charakter.

Eine Original-Einbauküche des Dammerstocks, die sogenannte »Frankfurter Küche«, findet man übrigens im Stadtmuseum Karlsruhe (Infos dazu S. 131). Ab und

■ **Vom Ostendorfplatz gelangt man in die Gartenstadt Rüppurr.**

zu gibt es Gelegenheit, ausgewählte Innenräume der Mustersiedlung zu sehen, so etwa am Tag des Denkmalschutzes Anfang September.

Wir biegen nun hinter der Heidelberger Straße links in den Fußweg an der Alb ein, kommen am Freibad Rüppurr (Infos dazu S. 168) vorbei und stoßen auf die Rastatter Straße, der wir weiter den Fluss entlang folgen. Das rote Gebäude links in der Ecke des Parkplatzes ist ein Rest des **Rüppurrer Schlosses**, die Meierei. Auch die Mühle an der Alb, das erste Gebäude rechts, gehörte dazu. Flussaufwärts steht die Nikolauskirche (1775/76 von Johann Friedrich Weyhing). Nach ihr nehmen wir links die Ostendorfstraße und gelangen zum **Ostendorfplatz**.

Der halbkreisförmige, harmonisch gestaltete Platz ist das Zentrum der **Gartenstadt Rüppurr**, einer weiteren Mustersiedlung der Moderne. Neben dem Dresdener Stadtteil Hellerau zählt sie zu den ältesten Gartenstädten Deutschlands. Die Siedlung entstand ab 1911 sukzessive östlich der Herrenalber Straße zwischen Diakonissenstraße und der Straße Am Rüppurrer Schloss.

Leben im Grünen

Ähnlich wie später der Dammerstock ist die Karlsruher Gartenstadt als Gegenmodell zur Industriestadt des 19. Jahrhunderts mit ihren ungesunden, überfüllten und lichtlosen Arbeiterquartieren entstanden. Nicht zufällig stammte das Konzept der »garden city« aus dem hochindustrialisierten England, als ihr Erfinder gilt der Stadtplaner Ebenezer Howard (1850–1928). Neben der Absicht, helle und ruhige Wohnungen möglichst in Einzelhäusern mit Gärten zu schaffen, war von Beginn an auch der Genossenschaftsgedanke typisch für die Gartenstadtbewegung. So sollte der Spekulation der Boden entzogen werden. Eine Idee, die heutzutage wieder sehr sympathisch erscheint.

Auch in Karlsruhe stand die Gründung einer Baugenossenschaft am Anfang der Gartenstadt. Jeder Bewohner der neuen Siedlung musste Mitglied der Genossenschaft sein und für ein Drittel der Anschaffungs- und Herstellungskosten seiner Wohnung Genossenschaftsanteile erwerben. Dafür erhielt er ein vererbbares Dauerwohnrecht. Die 1907 ins Leben gerufene Gartenstadtgesellschaft existiert noch heute und verwaltet in Karlsruhe etwa 2000 Wohnungen.

Als Gründer und Ideengeber der Karlsruher Gartenstadt gilt der Künstler und Volkswirt Hans Kampffmeyer (1876–1932). Weitere wichtige Inspiratoren waren die Architekten Karl Kohler und Friedrich Ostendorf (1871–1915). Ostendorf ist es zu verdanken, dass der zentrale Platz der Siedlung, der heute seinen Namen trägt, sich in der offenen halbkreisförmigen Gestalt präsentiert. Die drei leicht gebogenen Häuser fassen den Platz elegant ein. Sie waren von Beginn an als Geschäftshäuser für den Einzelhandel geplant und diese Funktion haben sie heute noch. Auch das Café an der Ecke zur Herrenalber Straße hat eine lange Tradition. Aus Geldgründen nicht realisiert wurde dagegen ein eigentlich geplantes »Volkshaus«.

Zu den ältesten Straßen der Gartenstadt gehören der heutige Holder-, der Blüten- und der Heckenweg. Bis 1912 entstanden hier 42 Wohnungen. Bei einem Bummel durch den Holderweg, der vom Platz schräg links abgeht, wird man eine Reihe durchaus sehr unterschiedlich gestalteter Einzelhäuser bemerken. Ostendorf, der im Ersten Weltkrieg fiel, war ein Feind des Ornaments, wie es für den Jugendstil üblich gewesen war. Er orientierte sich mehr an dem Klassizisten Weinbrenner und das sieht man – bei aller Verschiedenheit – den doch eher schlicht gehaltenen Häusern an. Allerdings ist es bis zu jener für den Dammerstock typischen Sachlichkeit dann doch noch ein Schritt. Aus Kostengründen entstanden in der Gartenstadt mit der Zeit immer weniger Einzel- und Doppelhäuser und mehr schmale Reihenhäuser, schließlich sogar Mehrfamilienhäuser. Wir sehen die andere Bauweise rechts beim Gang durch den Resedenweg.

An dessen Ende gehen wir rechts durch den Rosenweg und nach dem Asternweg rechts ein Stück durch die Gärten. Zu den Merkmalen der Gartenstadt gehören auch die Wege, die die Häuser von der Gartenseite her erschließen und miteinander verbinden. Die Gärten waren ursprünglich übrigens nicht als Ziergärten, sondern als Nutzgärten gedacht, etwa zum Anbau von Gemüse. Die Grundrisse sind für heutige Verhältnisse klein, sie haben meistens zwischen 70 und 80 Quadratmeter Gesamtfläche. Die ältesten Häuser hatten zunächst auch kein Bad. Sparsamkeit war eben oberstes Gebot.

Wir wenden uns an einer Wegkreuzung nach links und kommen auf den Weg Im Grün, über den wir rechts wieder den Ostendorfplatz erreichen. Bei aller Beschränktheit ist das Konzept der Gartenstadt bis heute überzeugend. Wohnen im Grünen mit exzellenter Verkehrsanbindung unweit der Kernstadt, das ist für viele immer noch ein Traum.

TOUR 10 AUEN, BADEFREUDEN UND SCHIFFE

Am Rhein

Tourbeginn: *Rappenwört*

Tourende: *Maxau*

Haltestellen des öffentlichen Verkehrs: *Rappenwört, Altrheinbrücke, Waidweg, Ankerstraße, Rheinhafen, Maxau*

Tourenlänge: *circa 12 Kilometer (aufteilbar in Rheinhafen–Rappenwört 6 Kilometer, Rheinhafen–Maxau 6 Kilometer)*

Höhenunterschiede: *circa 20 Meter*

Einkehrmöglichkeiten: *Rappenwört, Daxlanden, Maxau*

Auch wenn der Rhein das Stadtbild nicht direkt prägt, da er acht Kilometer westlich vom Zentrum liegt, ist er

Rappenwört: Früh übt sich der Hochwasserschutz.

doch für Karlsruhe von großer Bedeutung. Wirtschaftlich wichtig ist er wegen des Rheinhafens. Die reizvollen, teilweise unter Naturschutz stehenden, Rheinauenlandschaften wiederum sind ein beliebtes Naherholungsgebiet.

Die Tour beginnt an der Endstation der Straßenbahn auf dem **Rappenwört**. Hier liegt das **Rheinstrandbad**, das man außerhalb der Saison auch als Spaziergänger besuchen kann (Infos dazu S. 168). Es besticht durch seine sehr großzügige Gestaltung mit weitflächigen Liegewiesen, drei Schwimmbecken, darunter ein Erlebnisbecken mit Riesenrutsche und ein Wellenbad, einem Natursee und einer Promenade am Rhein. Zum Angebot gehören außerdem mehrere Sportanlagen. Das Bad war 1929 auf der ehemaligen Rheininsel Rappenwört angelegt worden, um auch »Familien des verarmten Mittelstandes, der Arbeiter und kleinen Beamten«, die sich keine Ferienreise leisten konnten, ein Ersatz-Urlaubsparadies zu bieten. Damals badete man sogar noch im Rheinwasser, das in einen Seitenarm abgeleitet wurde.

Im Landschaftsschutzgebiet Rappenwört erhält man einen Einblick in die gefährdeten **Rheinauen**. Nur ein winziger Teil der früheren Auenlandschaft ist übrig geblieben. Einst erstreckten sich die Auwälder über eine Breite von zwei Kilometern entlang des Flusses von Basel bis Worms. Ungebändigt, wie der Rhein damals war, suchte er sich in zahlreichen Schlingen und Kurven immer wieder neue Wege. Regelmäßig wurden die Auwälder überschwemmt. Sie wurden zu einer Art Rückhaltebecken, gleichzeitig entwickelte sich hier eine einzigartige Flora und Fauna.

Die Bändigung des wilden Rheins

Vor allem durch die Rheinregulierung veränderte sich das Landschaftsbild im 19. Jahrhundert massiv. Nach Plänen des Wasserbauingenieurs Johann Gottfried Tulla wurde der Rhein zwischen 1817 und 1880 begradigt und dabei im Abschnitt zwischen Basel und Worms von 350 auf 270 Kilometer verkürzt. Gleichzeitig wurde das Hauptbett auf 200 Meter Breite verengt. Das bedeutete eine tiefere Fahrrinne für die Schifffahrt, aber auch eine größere Fließgeschwindigkeit des Wassers. Weitere schwerwiegende Eingriffe erfolgten vor allem nach dem Zweiten Weltkrieg bis zum Bau der Staustufe Iffezheim 1977. Der Fluss wurde weiter verengt, Überschwemmungsgebiete wurden noch mehr zurückgedrängt. Tierarten verschwanden für immer, weil sie keinen Lebensraum mehr fanden. Wiederholte Überschwemmungskatastrophen haben die bedrohlichen Folgen dieser Eingriffe in die Natur deutlich werden lassen und glücklicherweise hat längst ein Umdenken eingesetzt.

Das **Naturschutzzentrum Karlsruhe-Rappenwört** will auf diese Zusammenhänge aufmerksam machen. Wir gehen links am Bad entlang und biegen vor dem Naturfreunde-Bootshaus links beim Zeichen für das Landschaftsschutzgebiet in den Auenwaldlehrpfad ein. Er führt an einem Altrheinarm vorbei, bei einer Gabelung nach links und dann, besonders für Kinder attraktiv, um Wildgehege mit Wildschweinen und Damhirschen herum zum Naturschutzzentrum. Es ist in einem 1929 von Walter Merz erbauten Haus untergebracht, das in der Formensprache der Klassischen Moderne gestaltet wurde. Ursprünglich als Vogelwarte konzipiert, war es wie das heutige Rheinstrandbad als Teil einer »Volkserholungsstätte« gedacht, die jedoch nicht vollendet

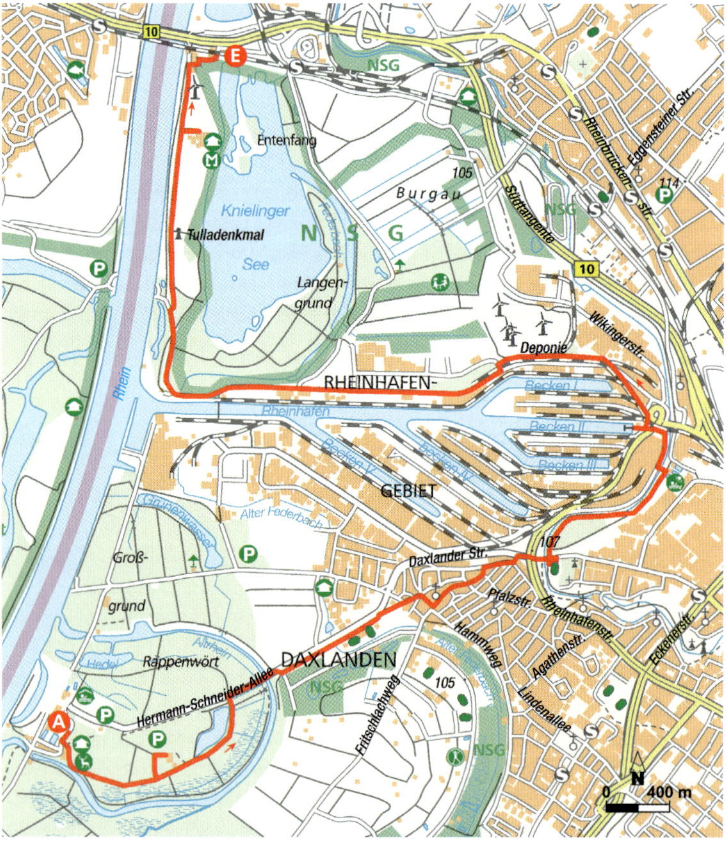

Riesenrutsche im Rappenwörter Rheinstrandbad.

wurde. Die Dauerausstellung »Natur der Rheinaue« dokumentiert die Entstehungsgeschichte des Rheins, die ökologische Bedeutung der Auen und – unter anderem in Form einer Computersimulation – ihre Gefährdung durch die Eingriffe des Menschen. Vorgestellt werden aber auch Maßnahmen des Hochwasser- und Naturschutzes (Infos dazu S. 132).

Nun gehen wir zum Auenpfad zurück und folgen ihm links weiter. Wir wandern am »Ententeich« entlang und verlassen dann den Pfad nach rechts, wenn wir an die Gleise und die Straße kommen, überqueren neben ihnen den Altrhein und erreichen das Hochgestade mit dem früheren Fischerdorf Daxlanden. Bei der Haltestelle Waidweg am Ortsrand halten wir uns geradeaus, überschreiten auch die Gleise der Wendeschleife und passieren das rechts liegende Seniorenzentrum, dann gehen wir rechts durch die Querstraße auf das frühere Rathaus zu und links in die Pfarrstraße. Hier sehen wir die Valentinskirche (nach Plänen von Johann Michael Ludwig Rohrer 1713 erbaut). Wir gehen die Pfarrstraße bis zum Ende, dann rechts und nach einem Stück links durch die Taubenstraße in derselben Richtung weiter, überqueren geradeaus eine große Straßenkreuzung sowie Bahnschienen und steigen dahinter nach einer Brücke rechts zum Weg an der Alb ab, der uns unter der Brücke hindurch im Grünen zum Rheinhafen führt.

Zunächst kommen wir am Kraftwerk zum Sonnenbad, einem Freibad (Infos dazu S. 169). Hier überschreiten wir auf der Brücke die Alb, gehen rechts an ihr weiter, nehmen an den Bahngleisen die Übergänge links unterhalb der Straßenbrücke über zwei der Gleise und gelangen vor dem dritten links zum Hafenbecken II.

Der Rheinhafen

Er gehört zu den zehn größten europäischen Binnenhäfen und ist ein wichtiger Wirtschaftsfaktor für die Region. Jährlich werden hier etwa sieben Millionen Tonnen Schiffsgüter umgeschlagen. Der mehrfach erweiterte Hafen – 1963 wurde er nach dem Bau der Raffinerien noch durch den Ölhafen ergänzt – besteht heute aus sechs Becken. In erster Linie werden Mineralölprodukte, Kohle, Briketts und Baustoffe umgeschlagen. Der Rheinhafen wurde zwar erst 1901 eröffnet, aber Karlsruhes Drang zum Rhein ist fast so alt wie die Stadt selbst. Schon Anfang des 19. Jahrhunderts gab es Pläne, einen Rhein-Alb-Kanal zu bauen, der die Stadt mit dem Fluss verbunden hätte. Aber das Projekt war zu teuer. Wie wichtig für die Stadt ein eigener Hafen war, zeigte sich schon daran, dass bereits drei Jahre nach Eröffnung die angepeilte Marke von 300 000 Tonnen Güterumschlag überschritten wurde. Der absolute Umschlagrekord wurde 1969 mit acht Millionen Tonnen erreicht.

Wer Lust auf eine Schiffstour hat, kann hier die »MS Karlsruhe« besteigen. Ausflüge werden unter anderem nach Speyer, Worms, Straßburg oder Iffezheim angeboten (Infos dazu S. 175). Eine gute Gelegenheit, den Karlsruher Hafen kennenzulernen, ist auch das jährliche Hafen-Kultur-Fest, das stets am letzten Juniwochenende stattfindet (Infos dazu S. 165).

Die **historischen Hafengebäude** sind als Industriearchitektur bemerkenswert. Errichtet wurden sie von den Architekten Wilhelm Strieder und August Stürzenacker, Letzterer auch Architekt des Karlsruher Hauptbahnhofs. Heute noch erhalten sind das Getreidelagerhaus, die Werfthallen I und II und das Verwaltungsgebäude. Am eindrucksvollsten ist das 1903

Feuerwerk beim dreitägigen Hafen-Kultur-Fest im Juli.

errichtete mächtige Getreidelagerhaus, das sich rechts entlang des Hafenbeckens erhebt und mit seinen Türmen und Zinnen an eine mittelalterliche Burg erinnert. Das weniger funktional gestaltete Verwaltungshaus sehen wir, wenn wir ein Stück zurückgehen, dann bei

Im Hofgut Maxau befindet sich das Knielinger Museum.

der ersten Gelegenheit links die Gleise überqueren und uns nochmals nach links wenden. Es weist interessante Schmuckelemente wie ein Schifferrelief auf. Besonders kurios ist eine Eckverzierung über dem Eingang: Ein Gnom reitet auf einem Fisch, unter dem Arm hält er zwei Geldsäcke mit je 10 000 Mark, den »monatlichen Reingewinn«.

Wir gehen an den Gleisen weiter, überqueren hinter dem Gebäude die Werftstraße und danach die Nordbeckenstraße mitsamt einem Wendeplatz und folgen den Gleisen und der Straße unterhalb des »Windmühlenbergs« – hier wurde eine Mülldeponie zur Energiegewinnung umgestaltet. An einer Querstraße schwenken wir links auf die Nordbeckenstraße ein, später können wir nochmals einen parallelen Weg rechts nehmen. Vorbei an den Industrieanlagen und dem Hochwassersperrtor erreichen wir hinter der Schiffsmeldestelle schließlich den Rhein. Rechts bleiben wir auf dem Damm, wandern wieder durch Auen und können auf den Strom blicken. Auf der rechten Seite des Weges steht zwischen Bäumen das Tulla-Denkmal von 1853.

Am Ziel der Tour in **Maxau** ist beim Hofgut als Teil des »Landschaftsparks Rhein« eine Mehrgenerationen-Spielanlage eingerichtet worden. Das Hofgut bietet an Wochenenden Gastronomie auch im Freien sowie einen Hofladen. Außerdem ist dort an Sommersonntagen das **Knielinger Museum** mit einer schönen Sammlung zum Thema Rheinschifffahrt geöffnet (Infos dazu S. 133). Die Bahnstation Maxau findet sich gleich neben der Rheinbrücke, der Zugang ist dort vor dem Wohngebäude rechts.

Informationen von A bis Z

AUSKUNFT ÜBER DIE STADT UND FÜHRUNGEN

Tourist-Information Karlsruhe
Bahnhofplatz 6
76137 Karlsruhe
Telefon (07 21) 37 20-53 83
oder -53 84
touristinfo@karlsruhe-tourismus.de
www.karlsruhe-tourismus.de
Montag bis Freitag 8.30–18 Uhr, Samstag 9–13 Uhr, Sonntag 10–13 Uhr
Die Tourist-Info hilft bei Zimmerbuchungen, gibt Tipps für Stadtführungen, Ausflüge und Spezialangebote und verkauft Tickets für Kulturveranstaltungen. Zum Angebot gehören zweistündige Führungen zu den wichtigsten Sehenswürdigkeiten der Stadt, aber auch Themenführungen, Kostümführungen und kulinarische Rundgänge. Kinderstadtrundgänge und sportliche Touren stehen ebenfalls auf dem Programm. Zudem werden als »City Tour Karlsruhe« Entdeckungsreisen mit dem roten Doppeldeckerbus durch Karlsruhe veranstaltet (ca. 130 Minuten), jeweils um 10 Uhr, 12.45 Uhr und 15.30 Uhr, mittwochs, freitags, samstags und sonntags (Mitte März bis Januar), in den Sommerferien auch donnerstags, Tickets gibt es auch an allen Haltepunkten des Busses.

Stattreisen Karlsruhe
Hübschstraße 19
76135 Karlsruhe
Telefon (07 21) 16 13 68 5
info@stattreisen-karlsruhe.de
www.stattreisen-karlsruhe.de
Sehr interessante Themenrundgänge (teilweise auch mit Bahn oder Fahrrad), bei denen die Geschichte der Stadt und ihrer Menschen aus

Die Tourist-Information Karlsruhe am Bahnhofplatz.

unterschiedlichen, oft überraschenden Blickwinkeln beleuchtet wird. Neben den regulären Führungen, die meist am Wochenende und an Feiertagen von Anfang März bis Ende November stattfinden, kann man auch Sonder- und Gruppenführungen buchen.

ArtRegioTours
Telefon (07 21) 4 70 98 59
info@artregiotours.de
www.artregiotours.de
Kunsthistorische Führungen durch Karlsruhe und die Region.

Bundesverfassungsgericht
Schlossbezirk 3
Telefon (07 21) 91 01-400
www.bundesverfassungsgericht.de
Auf Anfrage bietet das Bundesverfassungsgericht Führungen für Besuchergruppen an (mindestens zehn bis höchstens 40 Personen), jedoch nicht abends, an Wochenenden und an Feiertagen.

Landgraben
Tiefbauamt Karlsruhe
Telefon (07 21) 133-74 41
Wer einen Blick in Karlsruhes Unterwelt werfen will, dem seien die Touren des Tiefbauamtes empfohlen. Der Einstieg zum unterirdischen Besucherraum ist am Lameyplatz in Mühlburg.

Karlsruhe Card
www.karlsruhe-tourismus.de/planen/karlsruhe-card
Mit dieser sehr nützlichen Karte kann man für einen, zwei oder drei Tage kostenlos den öffentlichen Nahverkehr und die Schlossgartenbahn benutzen sowie die sieben größten Museen in der Stadt besuchen. Für die Stadttour mit dem touristischen Doppeldeckerbus ist der Preis reduziert. In manchen Kneipen und Restaurants gibt es auch Gratisangebote. Die Karte ist bei der Tourist-Information und in vielen Hotels erhältlich.

Weitere wichtige Internetadressen

Offizielle Adresse der Stadt:
www.karlsruhe.de
Informationsportal der Karlsruhe Tourismus GmbH über Kulturangebote in der Stadt:
www.kulturinkarlsruhe.de
Shopping- und Gastronomietipps:
www.karlsruhe-erleben.de

Aktuelle Nachrichten aus der Stadt und dem Umland: www.ka-news.de
Tageszeitung Badische Neueste Nachrichten: www.bnn.de

KULTURINFOS UND -TICKETS

Stadtmagazin INKA
www.inka-magazin.de
Informiert über alle wichtigen Kulturveranstaltungen, Shopping- und Gourmettipps.

Klappe auf
www.klappeauf.de
Informiert über die wichtigen Kulturveranstaltungen in Karlsruhe und der Region.

TicketForum Postgalerie
Kaiserstraße 217 (Europaplatz)
Telefon (07 21) 16 11 22
info@ticketforum.de
www.ticketforum.de
Montag bis Freitag 9.30–20 Uhr,
Samstag 10–20 Uhr
Karten für Kulturveranstaltungen aller Art, aber auch Sportveranstaltungen und Messen.

MUSEEN

Stadtmuseum
Karlstraße 10
Telefon (07 21) 133-42 30
www.karlsruhe.de/b1/stadtgeschichte/stadtmuseum.de
Dienstag und Freitag 10–18 Uhr, Donnerstag 10–19 Uhr, Samstag 14–18 Uhr, Sonntag 11–18 Uhr, Montag und Mittwoch geschlossen
300 Jahre Stadtgeschichte im Prinz-Max-Palais.

Badisches Landesmuseum
Schlossbezirk 10
Telefon (07 21) 926-65 14
www.landesmuseum.de
Dienstag bis Donnerstag 10–17 Uhr, Freitag bis Sonntag und Feiertage 10–18 Uhr, Montag geschlossen
Bedeutende Antikensammlung und Dauerausstellung zur Geschichte und Kultur Badens. Beeindruckende Sonderausstellungen.

Museum beim Markt
Karl-Friedrich-Straße 6
Telefon (07 21) 926-65 14
www.landesmuseum.de
Dienstag bis Donnerstag 11–17 Uhr, Freitag bis Sonntag und Feiertage 10–18 Uhr, Montag geschlossen
Außenstelle des Landesmuseums mit dem Schwerpunkt Design.

Museum in der Majolika
Ahaweg 6
Telefon (07 21) 926-65 14
www.landesmuseum.de
Dienstag bis Freitag 10–18 Uhr, Samstag und Sonntag 11.30–17 Uhr, Montag geschlossen
Außenstelle des Landesmuseums mit Objekten zur Geschichte der einzigen staatlichen Keramikmanufaktur in Deutschland.

Besucher beim höfischen Maskenspiel im Badischen Landesmuseum.

Staatliche Kunsthalle Karlsruhe
Hans-Thoma-Straße 2–6
Telefon (07 21) 926-33 59
www.kunsthalle-karlsruhe.de
Dienstag bis Sonntag 10–18 Uhr, Montag geschlossen
Bedeutendes Kunstmuseum mit Sammlung französischer, holländischer und deutscher Malerei. Attraktive Sonderausstellungen.

ZKM | Zentrum für Kunst und Medien
Medienmuseum und Museum für Neue Kunst
Lorenzstraße 19
Telefon (07 21) 81 00-0
www.zkm.de
Mittwoch bis Freitag 10–18 Uhr (Donnerstag bei Sonderausstellungen auch länger),Samstag 14–18 Uhr, Sonntag 11–18 Uhr, Montag und Dienstag geschlossen
Kultur- und Medienzentrum im Industriedenkmal mit Medienmuseum und Museum für Neue Kunst, Mediathek und verschiedenen Forschungsinstituten. Wechselnde Ausstellungen und Veranstaltungen zu digitalen Technologien, Netz- und Medienkunst.

Städtische Galerie Karlsruhe
Lorenzstraße 27, Lichthof 10
Telefon (07 21) 133-44 44
www.karlsruhe.de/b1/kultur/kunst_ausstellungen/museen/staedtische_galerie.de
Mittwoch bis Freitag 10–18 Uhr, Samstag und Sonntag 11–18 Uhr, Montag und Dienstag geschlossen
Moderne und zeitgenössische Kunst aus Südwestdeutschland.

Erinnerungsstätte Ständehaus
Ständehausstraße 2
Telefon (07 21) 133-221
www.karlsruhe.de/b1/stadtgeschichte/staendehaus.de
Dienstag bis Freitag 10–18.30 Uhr, Samstag 10–14 Uhr, Montag und Sonntag geschlossen
Dauerausstellung zur Demokratiegeschichte Badens.

Museum für Literatur am Oberrhein
Prinz-Max-Palais, Karlstraße 10
Telefon (07 21) 133-40 87
www.literaturmuseum.de
Dienstag 10–18 Uhr, Donnerstag 10–19 Uhr, Freitag 10–18 Uhr, Samstag 14–18 Uhr, Sonntag 11–18 Uhr, Montag und Mittwoch geschlossen
Museum der Literarischen Gesellschaft. Ständige Ausstellung über Literatur und Autoren am Oberrhein, Bibliothek mit 6000 Bänden, Scheffelarchiv, regelmäßige Wechselausstellungen.

Staatliches Museum für Naturkunde
Erbprinzenstraße 13
Telefon (07 21) 17 52 11 1
www.smnk.de
Dienstag bis Freitag 10.30–17 Uhr, Samstag, Sonntag und Feiertage 10–18 Uhr, Montag geschlossen
Große naturkundliche Dauerausstellung mit Fossilien, Mineralien, präparierten Tieren und Vivarien, dazu temporär Sonderausstellungen.

Naturschutzzentrum Karlsruhe-Rappenwört
Hermann-Schneider-Allee 47
Telefon (07 21) 95 0 47-0
www.nazka.de
April bis September: Dienstag bis Freitag 12–18 Uhr, Sonntag und Feiertage 11–18 Uhr; Oktober bis

■ **Spektakuläre prähistorische Funde zeigt das Naturkundemuseum.**

März: Dienstag bis Freitag 12–17 Uhr, Sonntag und Feiertage 11–17 Uhr; Samstag und Montag geschlossen

Pfinzgaumuseum
Pfinztalstraße 9
Telefon (07 21) 133-42 22
www.karlsruhe.de/b1/stadtgeschichte/pfinzgaumuseum.de
Mittwoch 10–18 Uhr, Samstag 14–18 Uhr, Sonntag 11–18 Uhr
Sammlung zur Geschichte von Durlach von der Römerzeit bis heute.

Karpatendeutsches Museum
Pfinztalstraße 9
Telefon (07 21) 133-42 04
www.karpatendeutsche.de/Karpatendeutsches_Kulturwerk_Slowakei_e.V.:Museum
Samstag 14–18 Uhr,
Sonntag 11–18 Uhr
Museum des Karpatendeutschen Kulturwerks Slowakei.

Knielinger Museum
Maxau am Rhein 24
www.knielinger-museum.de
Christi Himmelfahrt bis Ende September Sonntag 14–17 Uhr
Schöne Sammlung zum Thema Rheinschifffahrt im Hofgut Maxau.

Rechtshistorisches Museum
Herrenstraße 45a
Telefon (07 21) 159-50 31
www.rechtshistorisches-museum.de
Dienstag außer an Feiertagen 10–12 Uhr
Rechtsgeschichte durch die Jahrtausende auf dem Gelände des Bundesgerichtshofs.

Verkehrsmuseum Karlsruhe
Werderstraße 63
Telefon (07 21) 37 44 35
www.karlsruhe.de/b1/kultur/kunst_ausstellungen/museen/verkehrsmuseum.de
Sonntag 10–13 Uhr
Oldtimer, historische Fahr- und Motorräder, dazu eine der größten deutschen Modelleisenbahnanlagen.

GALERIEN

Artlet Studio Karlsruhe
Boeckhstraße 4
Telefon (07 21) 66 97 57 93
www.artlet-studio.com
Schwerpunkt dieser Galerie unweit des ZKM sind Skulpturen und Objekte, aber auch Malerei, Grafik, Medienkunst und Fotografie gehören zum Angebot.

Badischer Kunstverein
Waldstraße 3
Telefon (07 21) 28 22 6
www.badischer-kunstverein.de
Dienstag bis Freitag 11–19 Uhr, Samstag, Sonntag und Feiertage 11–17 Uhr, Montag und während der Umbauphasen geschlossen
Wechselnde Ausstellungen zeitgenössischer Künstler.

Galerie Knecht und Burster
Baumeisterstraße 4
Telefon (07 21) 93 74 91 0
www.galerie-knecht-und-burster.de
Widmet sich vor allem Künstlern, die an der Karlsruher Kunstakademie studierten.

Galerie Rottloff
Sophienstraße 105
Telefon (07 21) 84 32 25
www.galerie-rottloff.de
Die 1961 gegründete Galerie bietet monatlich wechselnde Ausstellungen wichtiger zeitgenössischer Künstler.

Galerie Schrade
Zirkel 34–40
Telefon (07 21) 15 18 77 4
www.galerie-schrade.de
Die Galerie von Ewald Karl Schrade, Organisator der Kunstmesse »art KARLSRUHE«, bietet Malerei von der klassischen Moderne bis zur Gegenwart.

Schöne Keramikkunst kann man in der Majolika Manufaktur erwerben.

Der Filmpalast am ZKM ist das größte Kino der Stadt.

Gallery artpark
Kriegsstraße 86
Telefon 0160 87 40 67 7
www.galleryartpark.com
Galerie, die sich dem Austausch moderner europäischer und asiatischer Kunst widmet.

Meyer Riegger
Klauprechtstraße 22
Telefon (07 21) 82 12 92
www.meyer-riegger.de
1997 gegründete Galerie zeitgenössischer Kunst, die inzwischen auch in Berlin präsent ist.

Neue Kunst Gallery – Michael Oess
Zirkel 32
Telefon (07 21) 13 05 72 1
www.neuekunst.de
Etablierte und junge Kunst unter Leitung des Kunstsammlers und Restaurators Michael Oess.

Staatliche Majolika Manufaktur
Ahaweg 6
Telefon (07 21) 91 23 77 0
www.majolika-karlsruhe.com
Kunst in der einzigen staatlichen Keramikmanufaktur in Deutschland.

KINO

Filmpalast am ZKM
Brauerstraße 40
Telefon (07 21) 20 59 20 0
www.filmpalast.net
Eines der erfolgreichsten Multiplex-Kinos in Deutschland. Mit zehn Sälen und knapp 3000 Sitzplätzen bietet der Filmpalast cineastisches Vergnügen für jeden Geschmack. Es gibt verschiedene kulinarische Angebote sowohl im modern und offen gehaltenen Gebäudekomplex als auch draußen auf dem weiten Vorplatz.

Kinemathek im Studio 3
Kaiserpassage 6
Telefon (07 21) 93 74 71 4
www.kinemathek-karlsruhe.de
Klassisches Programmkino, das sich auf aktuelle Spiel- und Dokumentarfilme, Autorenfilme und Filmklassiker bis hin zu Experimental- und Avantgardefilmen spezialisiert hat. Darüber hinaus werden Werkreihen, Filme in Originalfassung, Filmpräsentationen mit Kommentar oder Stummfilme mit musikalischer Begleitung angeboten.

Schauburg
Marienstraße 16
Telefon (07 21) 35 00 01 8
www.schauburg.de
Karlsruher Kulturinstitution, mit zahlreichen Preisen bedacht für die kulturell hochwertige Programmgestaltung. Feste Größen im Angebot sind die Independent Days, das größte Filmfestival Karlsruhes, sowie der Kult-Sneak und die Sneak Preview, bei denen das Publikum den Filmtitel vor der Aufführung nicht erfährt. Schönes altmodisches Ambiente in plüschigem Rot und Gold.

Open Air Kino
Schloss Gottesaue
Schlachthausstraße
Telefon (07 21) 35 00 01 8
www.schauburg.de/OpenAir
In den Sommerferien von der Schauburg veranstaltetes Open-Air-Kino am Gottesauer Schloss mit einer ganz besonderen Atmosphäre.

Universum-City
Kaiserstraße 152–154
Telefon (07 21) 16 10 80
www.kinopolis.de
Kino direkt am Europaplatz, meist Hollywood-Produktionen und Blockbuster.

THEATER

Badisches Staatstheater Karlsruhe
Hermann-Levi-Platz 1
Telefon (07 21) 93 33 33
kartenservice@staatstheater.karlsruhe.de
www.staatstheater.karlsruhe.de
Tageskasse: Montag bis Freitag 10–18.30 Uhr, Samstag 10–13 Uhr
Zweitgrößte Bühne Baden-Württembergs mit einem breit gefächerten Repertoire (Schauspiel, Oper, Ballett, Jugendtheater).

D'Badisch Bühn
Durmersheimer Straße 6
Telefon (07 21) 55 25 00
www.badisch-buehn.de
Einzigartige Theaterkneipe mit nicht nur badischen Spezialitäten, einem freundlichen Hotel, Biergarten und der bekannten mundartlichen »Badischen Bühn«.

Die Käuze
Königsberger Straße 9
Telefon (07 21) 68 42 07
www.kaeuze-theater.de
Das einzige Kellertheater in Karlsruhe. Es ist ein Kinder-, Jugend- und Erwachsenentheater. Der feste Spielplan wird ergänzt durch musikalische Veranstaltungen, Lesungen, Ausstellungen sowie Gastspiele und Sozialveranstaltungen.

Die Spur
Spielstätte im A & S Bücherland
Rintheimer Straße 19
Telefon (07 21) 86 55 44
(Ticket-Hotline)
www.theaterdiespur.de
Semiprofessionelle Kleinkunstbühne mit Repertoire von anspruchsvoller Unterhaltung bis zu absurden und zeitkritischen Stücken. Auch Kinder- und Jugendtheater sowie literarisches Kabarett stehen auf dem Programm.

Jakobus-Theater
Kaiserallee 11
Telefon (07 21) 85 42 45
www.jakobus-theater.de
Seit 1972 bereichert das Jakobus-Theater die Karlsruher Kulturszene. Das Amateurtheater legt Wert auf einen anspruchsvollen Spielplan,

der auch weniger bekannte Stücke umfasst und aktuelle gesellschaftliche Fragen thematisiert.

Kammertheater Karlsruhe
Herrenstraße 30/32
Telefon (07 21) 23 11 1 (Kasse)
www.kammertheater-karlsruhe.de
Populäre Theaterbühne im Herzen der Stadt in einem ehemaligen Bankgebäude. Eine zweite Spielstätte (K2) entstand in einer leer stehenden Kirche in der Kreuzstraße 29. Das Theater kann oft mit prominenten Schauspielern aus Film und Fernsehen aufwarten.

Marotte Figurentheater
Kaiserallee 11
Telefon (07 21) 84 15 55
www.marotte-figurentheater.de
Variantenreiches Repertoire. Das Spektrum reicht von der Umsetzung traditioneller Märchenstoffe über die theatralische Version moderner Kinderbücher bis zu experimentellen Stücken. Gespielt wird mit den verschiedensten Figurenarten wie Handpuppen, Tischfiguren, Schattenspiel, Marionetten und Objekten.

Sandkorn-Theater
Kaiserallee 11
Telefon (07 21) 83 15 29 70
www.sandkorn-theater.de
Im Jahr 1956 gegründet, bietet das mit zwei Spielstätten ausgestattete Theater von modernen Klassikern über Musicals und Kabarettprogramme bis hin zu Kinder- und Jugendtheater ein vielfältiges Angebot.

Theater in der Orgelfabrik
Amthausstraße 17–19
Telefon (07 21) 40 14 43
(Kartenvorbestellung)
www.karlsruhe.de/b1/kultur/orgelfabrik
Teil des Kulturzentrums Orgelfabrik. In den Sommermonaten werden Stücke großer deutschsprachiger Dichter und internationaler Autoren für die Bühne adaptiert.

Kabarett in der Orgelfabrik – Die Spiegelfechter
Amthausstraße 17–19
Telefon (07 21) 47 62 71 6
(Kartenvorbestellung)
www.die-spiegelfechter.de

Die Orgelfabrik ist ein lebendiges Kulturzentrum im Stadtteil Durlach.

Seit dem Jahr 2000 befindet sich im zweiten Stock der Orgelfabrik eine Kleinkunstbühne. Hier treten die »Spiegelfechter« auf, eines der wenigen eigenproduzierenden politisch-literarischen Kabaretts in Deutschland. Neben klassischem Kabarett werden Chansonabende, Jazz- und Weltmusikkonzerte, Lesungen und Varieté-Aufführungen veranstaltet.

KONZERTE

Badisches Staatstheater Karlsruhe
Hermann-Levi-Platz 1
Telefon (07 21) 93 33 33
kartenservice@staatstheater.karlsruhe.de
www.staatstheater.karlsruhe.de/programm/konzert
Tageskasse: Montag bis Freitag 10–18.30 Uhr, Samstag 10–13 Uhr
Das Staatstheater hat neben Opern und Musicals Konzerte im Programm und veranstaltet die Händel-Festspiele.

Hochschule für Musik
Am Schloss Gottesaue 7
Telefon (07 21) 66 29-0
www.hfm.eu
Die Hochschule veranstaltet Konzerte.

Substage Karlsruhe e. V.
Alter Schlachthof 19
Telefon (07 21) 78 31 15 0
www.substage.de
Live-Music-Club für nationale und internationale Bands aus den Bereichen Rock, Pop, Hip-Hop, Reggae, Ska und vielem mehr. Besonderes Augenmerk wird auf die Förderung von regionalen Bands gelegt, denen man Auftrittsmöglichkeiten gibt. Zusätzlich ergänzen regelmäßige Partys das Programm.

KULTURZENTREN

Alter Schlachthof
www.alterschlachthof-karlsruhe.de
Im »Kreativpark« finden vielfältige Aktivitäten statt.

Badische Landesbibliothek
Erbprinzenstraße 15
Telefon (07 21) 175-22 22
www.blb-karlsruhe.de
Montag bis Freitag 9–19 Uhr, Samstag 10–18 Uhr
Außer Büchern und anderen Medien bietet die Landesbibliothek Ausstellungen, Vorträge, Konzerte und Führungen.

Centre Culturel Franco-Allemand Karlsruhe (CCFA)
Karlstraße 16b (Postgalerie)
Telefon (07 21) 16 03 80
www.ccfa-ka.de
Stiftung zur Verbreitung der französischen Sprache und Kultur, des interkulturellen Austausches und zur Vertiefung deutsch-französischer Beziehungen. Neben Sprachkursen bietet das CCFA ein umfangreiches Kulturprogramm mit Lesungen, Konzerten und Ausstellungen.

Jubez
Kronenplatz 1
Telefon (07 21) 13 35 63 0
www.jubez.de
Träger des Kulturzentrums ist der Stadtjugendausschuss Karlsruhe e. V. Das Jubez bietet ein breit gefächertes, Angebot für Kinder und Jugendliche, sich kreativ an handwerklichen oder sonstigen jugendkulturellen Projekten zu beteiligen. Die Programmpalette umfasst daneben Comedy, Lesungen, Theateraufführungen, Filmcafés, Dis-

kussionsforen bis hin zu Kleinkunst und Newcomerwettbewerben.

Kulturverein Tempel e. V.
Hardtstraße 37a
Telefon (07 21) 55 41 74
www.kulturverein-tempel.de
Der Kulturverein im Gebäude der ehemaligen Seldeneck'schen Brauerei in Mühlburg bietet Veranstaltungen zu Tanz, Musik und Kunst. Einer der jährlichen Höhepunkte ist das internationale Festival mit zeitgenössischem Tanz.

Orgelfabrik Durlach
Amthausstraße 17
Telefon (07 21) 13 20 25 50
www.karlsruhe.de/b1/kultur/orgelfabrik
www.orgelfabrik-verein.de
Das Kulturzentrum befindet sich im denkmalgeschützten Gebäude eines ehemaligen Orgelbauers. Es bietet eine Kleinkunstbühne für Kabarett- und Varieté-Veranstaltungen sowie eine größere Halle für Theateraufführungen, Tanztheater, Konzerte und Ausstellungen.

Tollhaus
Alter Schlachthof 35
Telefon (07 21) 96 40 50
www.tollhaus.de
Bekanntes Kulturzentrum der alternativen Kulturszene, dessen Programm Kabarett und Tanztheater, Musikveranstaltungen mit Weltmusik, Jazz, Pop und Rock umfasst. Höhepunkte sind das alljährlich im Sommer stattfindende »ZELTIVAL« und das »ATOLL«-Festival für zeitgenössischen Zirkus.

CAFÉS UND EISCAFÉS IN DER INNENSTADT

Café Böckeler
Kaiserstraße 141
Telefon (07 21) 86 48 90
www.boeckeler.org
Montag bis Freitag 9–18.30 Uhr,
Samstag 9–18.30 Uhr,
Sonntag 9.30–18.30 Uhr
Stilvolles Café mit hochwertigen Confiserie-, Konditorei- und Backwaren.

Im Kreativpark Alter Schlachthof befindet sich das Tollhaus.

Cafélinchen
Akademiestraße 48
Telefon (07 21) 60 99 46 22
www.cafelinchen.de
Dienstag bis Samstag 11–18 Uhr
Das Café für »vegane Verführung« bietet Kuchen aus Dinkelmehl und Bioweizen und wechselnde vegane Tagesgerichte.

Café Palaver
Steinstraße 23
Telefon (07 21) 37 76 47
www.cafepalaver.de
Montag bis Sonntag 9–19 Uhr
Alternatives Café im Gewerbehof mit ganztägigem Frühstücksangebot und vielfältiger Küche (Müsli, Salate, Vollwertkost, selbstgemachte Torten und Kuchen), täglich wechselnder Mittagstisch.

Café Pierod
Kaiserstraße 133
Telefon (07 21) 35 88 86
www.cafe-pierod.de
Montag bis Donnerstag 9–23 Uhr,
Freitag und Samstag 9–24 Uhr,
Sonntag und Feiertage 11–23 Uhr
Exzellentes Eiscafé nahe am Marktplatz mit dem vielleicht besten Eis in Karlsruhe.

Café Rih
Waldstraße 3
Telefon (07 21) 22 07 4
www.caferih.de
Montag bis Freitag 9–19 Uhr,
Samstag 10–19 Uhr,
Sonntag und Feiertage 12–19 Uhr
Künstler- und Szenecafé im Gebäude des Badischen Kunstvereins.

Café Zero
Kaiserstraße 133
Telefon (07 21) 38 06 31
Montag bis Donnerstag 12–1 Uhr,
Freitag und Samstag 12–2 Uhr,
Sonntag 14–24 Uhr
Café mit origineller Architektur. Man sitzt auf verschieden hohen Ebenen mit Backsteingemäuer und verwinkelten Nischen. Ein kleiner Balkon bietet in der Sommerzeit einen schönen Blick auf die Kaiserstraße.

Confiserie Endle
Kaiserstraße 241a
Telefon (07 21) 24 67 8
www.endle.de

Das Café Palaver im Gewerbehof ist eine Karlsruher Institution.

Montag bis Samstag 8–18 Uhr,
Sonntag und Feiertage 10–18 Uhr
Café mit großer Tradition und großem Ruf. Köstliche Torten und Pralinés, Tartes und Quiches.

Pâtisserie Ludwig
Waldstraße 85
Telefon 0179 178 12 72
www.patisserie-ludwig.net
Dienstag bis Samstag 9–18 Uhr,
Sonntag 11–18 Uhr
Französische Patisserie vom Feinsten – Macarons, Éclairs, Pralinen und kunstvolle Törtchen-Kreationen. Auch Quiches, Croissants und Baguette sind im Angebot. Das gemütliche Café ist meist sehr gut besucht.

Tiramisù Café & Gelateria
Kaiserstraße 80a
Telefon (07 21) 24 89 3
www.tiramisu-karlsruhe.de
Montag bis Samstag 10–22 Uhr,
Sonntag und Feiertage 13–22 Uhr
Nomen est omen: Die Spezialität des am Marktplatz gelegenen Eiscafés (ehemals Cortina) ist Tiramisù. Natürlich gibt es auch zahlreiche Eiskreationen in der Gelateria.

CAFÉS IN DURLACH

Café Kehrle
Pfinztalstraße 35–37
Telefon (07 21) 49 46 32
www.cafe-kehrle.de
Montag bis Freitag 8.30–18.30 Uhr,
Samstag 8.30–18 Uhr,
Sonntag und Feiertage 12–18 Uhr,
Juni und Juli geschlossen
Seit drei Generationen im Familienbesitz. Hervorragende Torten und Pralinés.

Das Café Zero bietet einen direkten Blick auf die Kaiserstraße.

Q Kaffee
Ottostraße 5a
Telefon (07 21) 96 49 92 29
www.qkaffee.de
Dienstag bis Freitag 8–18 Uhr, Samstag 9–15 Uhr
Rösterei, die fairen Kaffee röstet und in deren Café man prima frühstücken kann.

EISCAFÉ IN DER OSTSTADT

Eis Cassata
Georg-Friedrich-Straße 30
Telefon (07 21) 60 65 88
www.eistortenshop.de
Geöffnet Februar bis Oktober
Spezialität des Eiscafés ist die Herstellung von Eistorten nach Kundenwünschen. Eine besondere Ehrung war 2017 der 11. Platz unter 3000 deutschen Eisdielen bei der Eis-Weltmeisterschaft in Rimini.

Über hundertjährige Tradition: Das Café Brenner in der Karlstraße.

CAFÉS IN DER SÜDWESTSTADT

Café Brenner
Karlstraße 61a
Telefon (07 21) 35 67 89
www.cafe-brenner.de
Montag, Mittwoch bis Samstag 8.30–18 Uhr, Sonntag 10–18 Uhr
Traditionsreiches, 1896 gegründetes Café mit nostalgischem Charme. Exzellente Patisserie und Confiserie.

Tante Emma
Am Stadtgarten 11
Telefon (07 21) 93 38 81 44
www.tanteemma-karlsruhe.de
Dienstag bis Sonntag 10–18 Uhr
Im Retrolook eingerichtetes Café, das die zwei Heimaten der Inhaberin, Baden und Südafrika, widerspiegelt.

CAFÉS UND EISCAFÉS IN DER WESTSTADT

Café Juli
Nelkenstraße 21
Telefon (07 21) 84 08 98 99
www.cafe-juli.de
Montag bis Freitag 9–18.30 Uhr,
Samstag 7.30–18.30 Uhr,
Sonntag 10–18 Uhr, ab Mai im Sommer täglich bis 22 Uhr
Schönes Café am Gutenbergplatz, abwechslungsreiches Frühstück, leckere Kuchen. Im Sommer ideal zum Draußensitzen. Reservierung empfohlen.

Eiscafé am Sophienpark
Sophienstraße 98
Telefon (07 21) 66 98 28 6
Ende Februar bis November Montag bis Sonntag 10–22 Uhr
Sehr beliebtes Eiscafé mit ausgesprochen freundlicher Bedienung. Kleine Terrasse.

Kaffeehaus Schmidt
Kaiserallee 69
Telefon (07 21) 84 93 38
www.kaffeehaus-schmidt.de
Dienstag bis Freitag 9–18 Uhr,
Samstag 8–18 Uhr,
Sonntag und Feiertage 8–18 Uhr

Stilvolles, charmantes Café, das nicht nur Süßes anbietet, sondern auch mit einem abwechslungsreichen Kulturangebot lockt.

Mary Poppins
Kaiserallee 51a
Telefon (07 21) 85 85 93
www.cafe-mary-poppins.de
Montag bis Sonntag 8–18.30 Uhr
Kleines, aber feines Café mit einem schönen Innenhof.

GARTENLOKALE/BIERGÄRTEN IN DER INNENSTADT

Alte Bank
Herrenstraße 30
Telefon (07 21) 18 32 81 8
www.altebank.de
Montag bis Donnerstag 9.30 bis 23.30 Uhr, Freitag und Samstag 9.30–1 Uhr, Sonntag 9.30–23.30 Uhr
Gelungene Einbindung des Restaurants in ein denkmalgeschütztes Gebäude, das einst Sitz von Reichs- und Landeszentralbank war. In der »Beletage« tafelt man in der ehemaligen Schalterhalle oder man sitzt in der warmen Jahreszeit gemütlich auf dem Kirchplatz St. Stephan. Hinter dem Gastraum spielt das Kammertheater.

Badisch Brauhaus
Stephanienstraße 38–40
Telefon (07 21) 14 44 40 0
www.badisch-brauhaus.de
Montag bis Donnerstag 11.30–24 Uhr, Freitag und Samstag 11.30–1 Uhr, Sonntag 11–24 Uhr
Keine Brauereigaststätte im herkömmlichen Sinne, sondern ein gastronomisch-architektonisches Gesamtkunstwerk mit verschiedenen Restaurants, einer Cocktailbar und Café.

Tafeln in der ehemaligen Schalterhalle: Die Alte Bank.

Cantina Majolika
Ahaweg 6–8
Telefon (07 21) 16 11 49 2
www.cantinamajolika.de
Dienstag bis Freitag 12–14 und 18–24 Uhr, Samstag und Sonntag 18–24 Uhr, Brunch jeden zweiten Sonntag 11–15 Uhr
Künstlerbistro in schlicht-modernem Ambiente in der Majolika Manufaktur. Beliebt ist die Sonnenterrasse im idyllischen Hof.

Litfass
Kreuzstraße 10
Telefon (07 21) 69 34 87
Täglich 10–1 Uhr
Urige Kneipe mit Hausmannskost und gutem Bierangebot. Der Biergarten befindet sich hinter der Kleinen Kirche.

Max Café Bar
Prinz-Max-Palais, Akademiestraße 38a
Telefon (07 21) 16 17 89 0
www.max-cafe-bar.de
Montag bis Donnerstag 10–24 Uhr, Freitag und Samstag 10–1 Uhr, Sonntag 10–23 Uhr
Künstlercafé mit schöner Außenterrasse im pittoresken Garten mit plätscherndem Brunnen. Kunstevents und Lesungen in kreativer Umgebung.

MultiKulti
Schlossplatz 19
Telefon (07 21) 92 09 79 7
Täglich 10–1 Uhr
Perfekte Lage in der Nähe von Schloss und Bundesverfassungsgericht. Das Lokal besitzt eine überdachte Innenhofterrasse, außerdem kann man im Sommer vor dem Lokal sitzend einen schönen Blick auf das Schloss und die Gartenanlagen genießen.

Pfannestiel
Am Künstlerhaus 53
Telefon (07 21) 66 07 79 9
www.pfannestiel-karlsruhe.de
Montag bis Freitag 11–1 Uhr, Samstag und Sonntag 16–1 Uhr
Rustikale Studentenkneipe mit großem Biergarten und Live-Musik.

Schlosscafé
Schlossbezirk 10
Telefon (07 21) 96 64 57 1
www.landesmuseum.de/website/Deutsch/Service/Schlosscafe.htm
Sommer: Dienstag bis Sonntag 10–23 Uhr, Winter: Dienstag bis Sonntag 10–19 Uhr
Mediterranes Café mit einer Terrasse, die einen sehr schönen Blick auf den Schlosspark erlaubt.

Stövchen
Waldstraße 54
Telefon (07 21) 29 24 1
www.stoevchen.com
Montag bis Donnerstag 9–1 Uhr, Freitag und Samstag 9–3 Uhr, Sonntag 9–1 Uhr
Bier- und Studentenkneipe mit großem Biergarten im Innenhof. Große Auswahl an Burgern und Flammkuchen, günstiges Frühstück.

Vogelbräu
Kapellenstraße 50
Telefon (07 21) 37 75 71
www.vogelbraeu.de
Sonntag bis Donnerstag 10–24 Uhr, Freitag und Samstag 10–1 Uhr
Haus- und Kultbrauerei mit großem und schönem Biergarten. Das unfiltrierte »Vogel« ist nicht nur unter Bierkennern eine aus der Stadt nicht mehr wegzudenkende Institution geworden. Eine Filiale befindet sich in Durlach.

■ **Idyllischer Biergarten in der Durlacher Obermühle.**

GARTENLOKALE/BIERGÄRTEN IN DURLACH

Obermühle
Alte Weingartner Straße 37
Telefon (07 21) 92 13 44 4
Dienstag bis Samstag 17–23 Uhr,
Sonntag 12–14 und 17.30–21 Uhr
Restaurant im historischen Ambiente einer alten Mühle mit Biergarten. Gute deutsche Hausmannskost.

Sol i Luna
Pfinztalstraße 58
Telefon (07 21) 49 08 41 4
www.soliluna-durlach.de
Dienstag bis Freitag 11.30–14.30 Uhr,
17–1 Uhr, Samstag,
Sonntag und Feiertage 10–1 Uhr
Im Innenhof befindet sich ein schöner Biergarten für die Sommerzeit. Restaurant und Bar zeichnen sich durch ihre mediterrane Küche aus, insbesondere gibt es eine große Auswahl an Tapas.

GARTENLOKAL/BIERGARTEN IN DER OSTSTADT

Hoepfner Burghof
Haid-und-Neu-Straße 18
Telefon (07 21) 62 26 44
www.hoepfner-burghof.de
Montag bis Samstag ab 11.30 Uhr,
Sonntag und Feiertage
11.30–18.30 Uhr
Das Restaurant befindet sich im historischen Gebäude der Privatbrauerei Hoepfner und bietet vor allem badische Küche. Der Biergarten ist einer der größten und ältesten der Stadt.

GARTENLOKALE/BIERGÄRTEN IN DER WESTSTADT

Brauhaus Kühler Krug
Wilhelm-Baur-Straße 3a
Telefon (07 21) 83 16 41 6
www.brauhaus-karlsruhe.com

Montag bis Donnerstag 11.30–24 Uhr, Freitag und Samstag 11.30–1 Uhr, Sonntag und Feiertage 10–23 Uhr
Markenzeichen ist das hausgebraute unfiltrierte, naturtrübe Bier. Am Rande der Günther-Klotz-Anlage gelegen, bietet das Lokal auch Erlebnisgastronomie wie mittelalterliche Rittermahle. Vom Biergarten aus genießt man einen schönen Blick auf die Alb.

Café Bleu
Kaiserallee 11
Telefon (07 21) 85 63 92
www.cafe-bleu.de
täglich 8–1 Uhr
Urgemütlicher Biergarten mit Laubencharakter und preiswerten, einfachen Speisen.

Café Carré
Nelkenstraße 19 (Gutenbergplatz)
Telefon (07 21) 85 61 25
Montag bis Sonntag 9–1 Uhr
Wunderschön gelegen am Gutenbergplatz mit einem Biergarten, der von alten Kastanienbäumen überkrönt wird. Für das leibliche Wohl sorgt die angeschlossene Osteria (ausgezeichnete Pizzen). Leckeres Frühstücksbüffet.

Gasthaus Gutenberg
Nelkenstraße 27 (Gutenbergplatz)
Telefon (07 21) 98 51 51 6
www.gasthaus-gutenberg.de
Montag bis Freitag 11–24 Uhr, Samstag 10–24 Uhr, Feiertage 17–23 Uhr
Gutbürgerliche Küche in rustikalem Ambiente. Biergarten im Innenhof und weitere Plätze im Außenbereich am Gutenbergplatz.

Kaisergarten
Kaiserallee 23
Telefon (07 21) 78 30 21 18
www.kaiser-garten.eu

Biertrinken unter alten Kastanien: Der Kaisergarten.

Montag bis Freitag 11.30–14.30 und 17–24 Uhr, Samstag 11.30–24 Uhr, Sonntag und Feiertage 10–23 Uhr
Mit seinem alten Baumbestand der wohl schönste Biergarten in Karlsruhe. Der Wintergarten bietet auch in der kalten Jahreszeit ein Ambiente zum Wohlfühlen. Gutbürgerliche Küche und Balkanspezialitäten.

Löwenbräukeller
Sophienstraße 95
Telefon (07 21) 84 33 15
www.lbk-ka.de
Montag bis Samstag 17–1 Uhr
Beliebte Kneipe mit thailändischen und italienischen Spezialitäten, die man auch im Garten bei einem Schoppen Wein genießen kann.

GARTENLOKAL/BIERGARTEN IN GRÜNWINKEL

Beim Schupi
Durmersheimer Straße 6
Telefon (07 21) 55 12 20
www.schupi.de
Montag bis Samstag ab 17 Uhr, Sonntag und Feiertage ab 12 Uhr
Biergarten unter alten Bäumen. Badische Küche, leckerer Brunch.

GARTENLOKALE/BIERGÄRTEN IN KNIELINGEN

Brauhaus 2.0
Egon-Eiermann-Allee 8
Telefon (07 21) 47 05 02 20
www.brauhaus-20.de
Täglich 11–24 Uhr
Spezialität ist das hausgebraute Biobier. Dazu gibt es Burger, Schnitzel oder Braten.

Hofgut Maxau
Maxau am Rhein 24
Telefon (07 21) 92 12 63 54
www.hofgutmaxau.de
Donnerstag bis Samstag 16–23 Uhr, Sonntag 11–21 Uhr
In dem Gasthaus am Rhein werden Spezialitäten aus eigener Landwirtschaft serviert.

RESTAURANTS IN DER INNENSTADT

Alibaba
Orientalisch
Kreuzstraße 25
Telefon (07 21) 38 64 93
www.alibaba-ka.de
Montag bis Freitag 11–15 und 17–23 Uhr, Samstag 17–23 Uhr
Syrisch-libanesisches Restaurant in der Nähe des Stadttheaters. Leckere Mazza (Vorspeisen) und Grillteller, Weine aus dem Libanon.

Bangkok Foodland
Thai
Leopoldstraße 18
Telefon (07 21) 13 05 73 8
www.bangkokfoodland.de
Montag bis Sonntag 11–23 Uhr
Gemütliches Restaurant, zivile Preise.

Besitos
Spanisch
Karl-Friedrich-Straße 9 (Marktplatz)
Telefon (07 21) 35 25 18 8
https://karlsruhe.besitos.de
Montag bis Freitag 17–1 Uhr, Samstag und Sonntag 12–1 Uhr
Tapas-Bar, Cocktailbar und Restaurant in typisch spanischem Stil. Serviert werden klassische Gerichte wie gegrillte Fisch- und Fleischgerichte, ebenso Paella, leichte Salate und eine große Auswahl an Tapas. Die Bar hält

klassische und mediterrane Cocktails, fruchtige Sangria und eine reichhaltige Palette an spanischen Weinen bereit. Charmanter Innenhof.

El Taquito
Mexikanisch
Waldstraße 24–26, Passagehof
Telefon (07 21) 23 88 1
www.el-taquito.de
Dienstag bis Samstag 11.30–1 Uhr,
Sonntag 11.30–23 Uhr
Gutes Restaurant mit eigenen Importen. Im Angebot sind frische Tortillas und Chips, hausgemachte Salsas, Chilisaucen, Moles. Mit Cocktailbar »Pancho Villa«.

Enchilada
Mexikanisch
Waldstraße 63 (Ludwigsplatz)
Telefon (07 21) 12 08 88 5
https://karlsruhe.enchilada.de
Montag bis Donnerstag 17–1 Uhr,
Freitag 17–2 Uhr, Samstag 12–2 Uhr,
Sonntag 12–1 Uhr
Restaurant und Cocktailbar im historischen Jugendstilgebäude, in dem sich bis 2008 das bekannte Szenelokal »Krokodil« befand. Großes Angebot an Speisen von Quesadillas und Burritos bis zu den namengebenden Enchiladas.

Mogogo
Afrikanisch
Stephanienstraße 2a
Telefon (07 21) 12 08 00 0
www.restaurant-mogogo.de
Dienstag bis Sonntag 12–14.30 Uhr
und 18–23 Uhr
Schon seit 1988 beliebter Anlaufpunkt in Karlsruhe für Freunde der afrikanischen Küche. Der Schwerpunkt liegt auf Köstlichkeiten aus Ostafrika.

My Heart Beats Vegan
Vegan
Kriegsstraße 94
Telefon (07 21) 97 66 77 31
www.myheartbeatsvegan.de
Dienstag bis Sonntag 11.30 bis 22 Uhr,
Montag geschlossen
Ausgezeichnete Küche in stylischem Ambiente. Auch für Fleischesser empfehlenswert.

Oberländer Weinstube
Badische und deutsche Küche
Akademiestraße 7
Telefon (07 21) 25 06 6
www.oberlaender-weinstube.de
Dienstag bis Samstag 12–15 Uhr und
18–24 Uhr
Traditionslokal mit hervorragendem Ruf in gutbürgerlichem Ambiente. Bodenständige Küche im besten Sinne.

Sen
Thai und Vietnamesisch
Erbprinzenstraße 32 (Ludwigsplatz)
Telefon (07 21) 15 18 86 6
www.senamludwigsplatz.de
Montag bis Samstag 11–23 Uhr
Empfehlenswert sind die vietnamesischen Phó-Suppen und die diversen Sushi-Spezialitäten.

Shiraz
Persisch
Sophienstraße 64
Telefon (07 21) 22 58 9
www.grillhausshiraz-karlsruhe.de
Montag17.30–22.30 Uhr, Dienstag
bis Freitag 11.30–14.30 und 17.30
bis 22.30 Uhr, Samstag und Sonntag
12.30–22.30 Uhr
Ausgezeichnete Grillspezialitäten wie marinierte Lamm- und Hühnerspieße.

Toro
Spanisch
Akademiestraße 57
Telefon (07 21) 47 03 04 69
Montag bis Samstag 17–24 Uhr
Urige Tapas-Bar im landestypischen Stil. Die Tapas sind schmackhaft, allerdings nicht ganz billig.

Viva
Vegetarisch
Lammstraße 7a (Rathauspassage)
Telefon (07 21) 23 29 3
www.viva-restaurant.de
Montag bis Freitag 11–20 Uhr, Samstag 11–19 Uhr
Spezialitätenrestaurant mit modernem, klarem Ambiente. Große Salatbar und Produkte aus ökologischem Anbau. Selbstbedienung.

RESTAURANTS IN DURLACH

Anders auf dem Turmberg
Badische und deutsche Küche
Reichardtstraße 22
Telefon (07 21) 41 45 9
www.anders-turmberg.de
Montag, Donnerstag bis Samstag 17.30–21 Uhr, Sonntag 11.30–13.30 und 17.30–21 Uhr
Sicherlich in Karlsruhe das Restaurant mit dem schönsten Blick. Es wird geleitet von dem Sternekoch Sören Anders, der zuvor die Oberländer Weinstube zu einem Michelin-Stern führte. Gutes Essen bei professionellem Service, aber nichts für den kleinen Geldbeutel.

Pulcinella Trattoria und Pizzeria
Italienisch
Unten am Grötzinger Weg 1
www.pulcinella.info

Traditionsreich und großes Renommee: Das Restaurant Zum Ochsen.

Telefon (07 21) 75 94 99 18
Dienstag bis Freitag 11.30–14.30 und 17.30–22.30 Uhr, Samstag 17.30–22.30 Uhr, Sonntag 11–21 Uhr
Original neapolitanische Küche, echte Holzofenpizza vom Feinsten. Im Sommer sitzt man schön auf der Terrasse mit Blick auf den Turmberg.

Zum Ochsen
Badische und deutsche Küche
Pfinzstraße 64
Telefon (07 21) 94 38 60
www.restaurant-zum-ochsen.de
Mittwoch bis Sonntag 12–14 Uhr und 18–21 Uhr
Traditionsreiches, elegantes Gourmetrestaurant mit Spezialitäten und Fischgerichten aus dem Mittelmeerraum sowie saisonalen badischen Gerichten im Angebot. Die Vinothek führt 900 verschiedene Weinsorten.

RESTAURANT IN DER OSTSTADT

Hoepfner Burghof
Badische und deutsche Küche
Haid-und-Neu-Straße 18
Telefon (07 21) 62 26 44
www.hoepfner-burghof.de/restaurant
Montag bis Samstag 11.30–21 Uhr, Sonntag und Feiertage bis 18.30 Uhr
Sehr gute badische Küche, Bierspezialitäten frisch aus der Hoepfner-Brauerei. Neben dem Hauptrestaurant gibt es noch das Burgstüble und das urige Mälzerstüble.

RESTAURANT IN DER SÜDSTADT

Gigi
Italienisch
Wilhelmstraße 8
Telefon (07 21) 38 07 71
Montag bis Sonntag 17–0.30 Uhr
Sympathische Pizzeria. Authentische Pizzen zu fairen Preisen. Der Wirt Gigi ist längst Kult.

RESTAURANTS IN DER SÜDWESTSTADT

Athen Palast
Griechisch
Gartenstraße 68
Telefon (07 21) 84 57 63
www.athen-palast-ka.de
Dienstag bis Sonntag 11.30–14.30 und 17.30–23 Uhr
Beliebtes Restaurant mit vielen Spezialitäten, wechselnde Tagesgerichte. Kleiner Biergarten.

Kilimanjaro
Afrikanisch
Vorholzstraße 13
Telefon (07 21) 60 95 11 15
Dienstag bis Samstag 17–1 Uhr, Sonntag 17–24 Uhr
Gemütliche Atmosphäre, liebevoll zubereitete abwechslungsreiche Speisen.

Terra Mare
Griechisch und Spanisch
Ritterstraße 19
Telefon (07 21) 66 05 49 3
www.restaurant-terramare.de
Dienstag bis Freitag, Sonntag 11.30–14.30 und 17.30–24 Uhr, Samstag 17.30–24 Uhr
Gelungene Mischung der nationalen Küchen, Fischgerichte wie Seebrasse, Wolfsbarsch oder Octopus.

RESTAURANTS IN DER WESTSTADT

Asmara
Afrikanisch
Kaiserallee 9
Telefon (07 21) 20 49 82 8
www.asmara-ka.de
Dienstag bis Donnerstag 12–14.30 und 17–22 Uhr, Freitag 12–14.30 und 17–23 Uhr, Samstag 17–23 Uhr, Sonntag 17–22 Uhr
Spezialitäten vor allem aus Eritrea. Ausgezeichnete Küche. Besonders zu empfehlen sind die würzigen Zigni-Fleischgerichte (eine Art Ragout) und die verschiedenen Asmaraplatten für zwei Personen. Im Sommer im Hinterhof kleiner Biergarten.

Bep Xua
Vietnamesisch
Kriegsstraße 206
Telefon (07 21) 83 16 80 08
www.bepxua.de
Dienstag, Donnerstag 11.30–14.30 und 18–22.30 Uhr, Mittwoch, Freitag bis Sonntag 18–22.30 Uhr
Restaurant, das sich in kurzer Zeit einen festen Platz in den Herzen der Weststädter erobert hat. Reservierung auch in der Woche ist deshalb zu empfehlen. Authentische Küche, köstlich sind die Sommerrollen als Vorspeise, die Ente in Tamarindensauce. Die Räumlichkeiten sind geschmackvoll gestaltet, die Atmosphäre ist familiär.

Großer Kurfürst
Badische und deutsche Küche
Sophienstraße 80
Telefon (07 21) 83 01 88 1
www.grosserkurfuerst-karlsruhe.de
Montag bis Samstag 16–23 Uhr, Sonntag 10–23 Uhr
Kein Schickimicki, keine Mondpreise. Auch so geht gutbürgerliche Küche. Der Koch dieses Lokals in der Karlsruher Weststadt versteht eben sein Handwerk. Exzellente Fleischgerichte, abwechslungsreiche Büffets und alles bezahlbar. Es gibt einen eigenen Raucherraum und im Sommer auch einen kleinen Innenhof.

Jaipur
Indisch
Lessingstraße 52
Telefon (07 21) 92 11 11 1
www.jaipur-ka.de
Dienstag bis Freitag, Sonntag 11.30–14 und 17.30–23 Uhr, Samstag 17.30–23 Uhr
Kleiner, aber feiner Inder. Hervorragende Küche mit Gerichten wie Butter Chicken aus dem Tandoor, Chicken Shahi Korma und verschiedenen Currys.

Moghul Mahal
Indisch
Ludwig-Marum-Straße 1
Telefon (07 21) 84 82 82
www.moghul-mahal.de
Dienstag bis Sonntag 11.30–14.30 und 18–23.30 Uhr, Montag18–23.30 Uhr
Empfehlenswerte Tandoori-Gerichte. Sonntags gibt es ein reichhaltiges Buffet.

Papa Corleone
Italienisch
Gutenbergstraße 3 (Gutenbergplatz)
Telefon (07 21) 84 08 99 55
Montag bis Dienstag 11–15 Uhr, Mittwoch bis Samstag 11–15 und 18–23 Uhr
Wechselnde Gerichte auf kleiner Speisekarte. Spezialität des Hauses sind die selbstgemachten Nudelgerichte. Terrasse auf dem Gutenbergplatz.

RESTAURANT IN DAXLANDEN

Künstlerkneipe
Badische und deutsche Küche
Pfarrstraße 18
Telefon (07 21) 16 08 99 57
www.kuenstlerkneipe.com
Mittwoch bis Sonntag 12–14.30 und 18–24 Uhr
Vor über 100 Jahren verkehrten hier Karlsruher Künstler und bezahlten ihr Essen mit Bildern. Das stilvolle Ambiente stammt noch aus dieser Zeit. Exzellentes Essen zu gehobenen Preisen, im Sommer auch im Kronengärtle oder Innenhof.

RESTAURANT IN GRÜNWINKEL

Rim Wang
Thai
Eckenerstraße 1
Telefon (07 21) 69 77 76
www.rim-wang.de
Dienstag bis Samstag 12–14 und 17.30–24 Uhr, Sonntag 12–24 Uhr
Restaurant mit dem gewissen Etwas. Nicht nur dem Magen, auch dem Auge wird hier etwas geboten. Die Bedienung serviert in landesüblicher Tracht, die Speisen sind liebevoll und appetitlich arrangiert. Exzellente, variantenreiche Küche. Für viele der beste Thailänder der Stadt.

Parkdeckzehn – eine Location mit einem Hauch von Strandgefühl.

SZENEKNEIPEN, BARS UND LOUNGES IN DER INNENSTADT

Bierakademie Karlsruhe
Douglasstraße 10
Telefon (07 21) 27 30 2
www.bierakademie-karlsruhe.de
Montag bis Donnerstag 16 1 Uhr, Freitag 15–3 Uhr, Samstag 18–3 Uhr
Urige Kneipe für Bierfreunde und -kenner. Große Auswahl an Biersorten vom Fass und an Weizenbieren. Achtung Raucherkneipe!

Carlos CocktailBar
Markgrafenstraße 32
Telefon (07 21) 46 71 94 60
www.carloscocktailbar.de
Montag bis Donnerstag 19–1 Uhr, Freitag und Samstag 19–3 Uhr
Hervorragende und stilvolle Cocktailbar am Lidellplatz. Kreative Eigenkreationen und Klassiker werden hier von professioneller Hand gemixt. Rauchen erlaubt.

Der KofferRaum
Hirschstraße 17
Telefon (07 21) 18 05 48 03
www.derkofferraum.de
Montag bis Donnerstag 19–1 Uhr, Freitag und Samstag 19–3 Uhr
Klassische Cocktailbar, großes Angebot, darunter auch originelle Eigenkreationen.

Kap
Kapellenstraße 68
Telefon (07 21) 32 16 6
www.kap-ka.de
Täglich 18–2 Uhr
Beliebte Szenekneipe im Kaffeehausstil mit vielen Cocktails und Whiskeys zur Auswahl. Live-Musik und Themenfeten. Berühmt sind die Faschingspartys im Februar.

Ohne Gleichen
Waldstraße 55
Telefon (07 21) 15 14 38
www.ohnegleichen-ka.de
Montag bis Donnerstag 19–24 Uhr, Freitag und Samstag 19–2 Uhr
Café-Bar mit Lounge-Atmosphäre. Angesagte Musik und Cocktails in künstlerischem Ambiente.

P 10 – Parkdeckzehn
Zähringerstraße 69
Telefon 0172 61 22 56 9
www.parkdeckzehn.de
April bis September Sonntag bis Donnerstag 14–23 Uhr, Freitag und Samstag 12–24 Uhr
Beachfeeling inmitten der City auf dem Parkdeck mit tollem Ausblick.

SZENEKNEIPEN, BARS UND LOUNGES IN DER OSTSTADT

Alte Hackerei
Alter Schlachthof 11
Telefon (07 21) 62 77 323
www.altehackerei.de
Winter: Dienstag bis Donnerstag 19–2 Uhr, Freitag und Samstag 19–5 Uhr; Sommer: Dienstag bis Donnerstag 17–1 Uhr,
Freitag und Samstag 17–5 Uhr,
Sonntag 17–23 Uhr
Konzertkneipe in der ehemaligen Kantine der Metzger auf dem Alten Schlachthof. Überdachter Biergarten und Bar.

Gold
Ludwig-Wilhelm-Straße 12
Telefon (07 21) 62 68 23 8
www.gold-ka.de
Sonntag bis Donnerstag 10–1 Uhr, Freitag und Samstag 10– 2 Uhr

Früher Metzgerkantine, heute Konzertkneipe: Alte Hackerei.

Bistro, Cocktailbar und Weinlounge. Burger, Flammkuchen und viele andere Speisen stehen zur Auswahl. Im Sommer sitzt man nett draußen auf der Terrasse und beobachtet das Oststadttreiben.

Kippe
Gottesauer Straße 23
Telefon (07 21) 69 78 29
Montag bis Freitag 9.30–1 Uhr, Samstag und Sonntag 9–1 Uhr
Sehr beliebte und gemütliche Studentenkneipe mit preiswerter badischer Küche.

Phono Craftbeer Bar
Karl-Wilhelm-Straße 6
Telefon (07 21) 66 99 29 8
http://phono.bar
Montag 18–24 Uhr, Dienstag bis Donnerstag 18–1 Uhr, Freitag 18–2 Uhr, Samstag 20–2 Uhr
Bar mit Außenterrasse. Hier gibt es nicht nur über 70 Biersorten aus aller Welt, sondern auch Weine aus der Pfalz.

SZENEKNEIPEN, BARS UND LOUNGES IN DER SÜDSTADT

Iuno
Werderstraße 49
Telefon (07 21) 38 42 23 3
Freitag und Samstag 18–3 Uhr
Kleine angenehme Südstadt-Bar direkt am Werderplatz mit guter Clubmusik. Bunt gemischtes Publikum. Im Sommer kann man auf Bierbänken draußen sitzen.

Milano
Marienstraße 34
Telefon (07 21) 38 91 59
www.barmilano1958.blogspot.de
Montag bis Donnerstag 10–2 Uhr, Freitag und Samstag 10–3 Uhr, Sonntag 8–24 Uhr
Einfach gehaltene, aber sehr beliebte Traditionskneipe und Multikultitreff.

Sockenschuss
Ettlinger Straße 33
Telefon (07 21) 38 42 604
Sonntag bis Mittwoch 16–1 Uhr, Donnerstag 16–2 Uhr, Freitag 16–3 Uhr, Samstag 15–3 Uhr
Mit alten Emailleschildern, Pflastersteinen und Schindeln bestückte rustikale Bierkneipe. Kleine Snacks durchgehend, verschiedene Fassbiere.

SZENEKNEIPE UND BAR IN DER SÜDWESTSTADT

Mapa
Gartenstraße 56b
Telefon (07 21) 89 33 30 61
www.mapa-cafe.de
Dienstag bis Donnerstag 10–24 Uhr, Freitag und Samstag 18–2.30 Uhr
Café und Bar mit lateinamerikanischem Flair.

Eingang zur beliebten Südstadtkneipe Sockenschuss.

Szenekneipe in der Nähe des Gutenbergplatzes mit feinem Musikprogramm aus Jazz und Klassik. Jeden Samstagvormittag zur besten Marktzeit gibt es bei freiem Eintritt den »Jazz & classic market«.

SZENEKNEIPEN, BARS UND LOUNGES IN DER WESTSTADT

Carpe diem
Goethestraße 45
Telefon (07 21) 83 02 94 0
www.carpediem-bar.de
Montag bis Donnerstag 17–24 Uhr, Samstag 10–1 Uhr
Charmante Kneipe mit kolonialem Interieur. Bier der Brauerei Wolf. Im Sommer kann man draußen auf dem Gutenbergplatz sitzen und so seinen Samstageinkauf auf dem Markt auf angenehme Art beschließen.

Hemingway Lounge
Uhlandstraße 26
Telefon (07 21) 49 97 28 77
www.hemingwaylounge.de
Mittwoch bis Freitag ab 18 Uhr, Samstag 10–15 Uhr und ab 19 Uhr, außerdem geöffnet für angekündigte Veranstaltungen

WEINSTUBEN

Pfälzer Weinhäusel
Wilhelmstraße 17, Südstadt
Telefon (07 21) 35 88 79
www.pfaelzer-weinhaeusel.de
Dienstag bis Samstag 17–1 Uhr
Weinstube in der Nähe des Staatstheaters. Ausgesuchte Weine und schmackhafte Wildgerichte (der Koch jagt selbst!), teilweise auch polnische Spezialitäten. Kleiner Innenhof.

Ottos Weinbar
Yorckstraße 8, Weststadt
Telefon (07 21) 83 16 22 05
www.otto-karlsruhe.de
Mittwoch bis Samstag 18–1 Uhr
Kleine, auf regionale Weine spezialisierte Bar. Die Auswahl wechselt. Dazu werden Snacks gereicht.

CLUBS UND DISKOTHEKEN

Die Stadtmitte
Baumeisterstraße 3
Telefon (07 21) 35 46 38 1
www.die-stadtmitte.de
Mittwoch bis Samstag 23–5 Uhr, Sonntag 23–2 Uhr
Club, Bar und Konzertbühne im Haus der ehemaligen Oberpostdirektion. Schöner Biergarten. DJs präsentieren House, Electro, Techno-Swing bis zu Reggae-Dancehall.

■ **Das »Topsy« mit außergewöhnlichem Design.**

Hello Club
Hirschstraße 18
Telefon 0176 37 58 90 37
www.helloclub.de
Freitag und Samstag 23–5 Uhr
Kleiner stylischer Club, der ein breites Publikum ansprechen will. Musik von Hip-Hop über House bis zu Partyklassikern.

KrokoKeller
Bürgerstraße 14
Telefon 0163 34 48 14 25
www.krokokeller.com
Freitag und Samstag 23–5 Uhr
Traditionsreicher Club im Gewölbekeller in der Nähe des Ludwigsplatzes. Bunt gemischtes Publikum. Vielfältige Musik von Rock über Pop bis zu Electro.

Topsy Turvy
Hirschstraße 30
Telefon (01 71) 62 80 87 7
www.topsy-bar.de
Donnerstag 22–3 Uhr, Freitag und Samstag 23–5 Uhr
Kultige Disco im außergewöhnlichen U-Boot-Design. Musik von House bis Pop.

EINKAUFEN

Die großen Einkaufsstraßen in Karlsruhe bieten dem Besucher ein gutes Leitsystem für den Einkaufsbummel. Neben der Kaiserstraße sind auch die Waldstraße, die Karlstraße, die Herrenstraße, die Lammstraße und die Erbprinzenstraße beliebte Flaniermeilen im Stadtzentrum. Zudem präsentieren sich die verschiedenen Stadtteile mit einem ansprechenden Angebot, so vor allem Durlach, Mühlburg, die West- und die Südstadt.

WOCHENMÄRKTE

Wochenmarkt Durlach
Marktplatz am Rathaus
Montag bis Samstag ab 7.30 Uhr
Bunter Wochenmarkt mit Waren aus biologischem Anbau. Mittwochs findet ein Bauernmarkt statt, der sich durch regionale Produkte auszeichnet.

Wochenmarkt Innenstadt
Stephanplatz
Montag, Mittwoch, Freitag ab 7.30 Uhr

Obst, Gemüse, Blumen, Pflanzen, Fleisch, Geflügel, Eier, Käse, alles, was Karlsruhe und Umgebung zu bieten haben.

Wochenmarkt Oststadt
Gottesauer Platz
Montag, Mittwoch, Freitag ab 7.30 Uhr
Reichhaltiges Angebot aus der Region.

Wochenmarkt Südstadt
Werderplatz
Dienstag, Freitag, Samstag 7.30–14 Uhr
Rund um den Indianerbrunnen werden Spezialitäten und Lebensmittel aus eigenem Anbau angeboten.

Wochenmarkt Weststadt
Gutenbergplatz
Dienstag, Donnerstag, Samstag ab 7.30 Uhr
Mit 100 Jahren ältester und schönster Markt Karlsruhes mit Besuchern von nah und fern. Sehr reiches Angebot aus der Region sowie exotische Spezialitäten.

Abendmarkt
Marktplatz
Mittwoch 16–20 Uhr (Februar bis Oktober)
Relativ neue Marktinstitution, die den geänderten Einkaufszeiten von Berufstätigen Rechnung trägt. Es werden handwerklich verarbeitete und ökologische Produkte angeboten.

Blumenmarkt
Marktplatz
Montag bis Sonntag 9–20 Uhr (Mitte Januar bis Mitte November)
Täglicher Blumenmarkt, der für jeden Pflanzenliebhaber das Richtige hat.

Frische Produkte aus der Region gibt es auf den Wochenmärkten.

ALKOHOLIKA UND GENUSSMITTEL

bier.
Kaiserstraße 247 (Kaiserplatz), Innenstadt
Telefon (07 21) 96 49 92 76
www.bierpunkt.eu
Das Fachgeschäft für Craft Beer bietet über 360 Sorten aus aller Welt. Schwerpunkt sind deutsche, belgische, englische und amerikanische Biere.

Weinblume
Reinhold-Frank-Straße 12, Innenstadt
Telefon (07 21) 2 20 57
www.weinblume.de
Große Auswahl an in- und ausländischen Weinen, dazu Spirituosen aller Art.

Pralina
Herrenstraße 20, Innenstadt
Telefon (07 21) 1 60 22 88
www.pralina.net
Die Schokoladenboutique ist ein Paradies für Naschkatzen. Im Angebot sind über 100 Pralinensorten, Schokoladen und Trinkschokoladen.

Wilkendorf's Teehaus
Waldstraße 22, Innenstadt
Telefon (07 21) 2 56 26
www.teehaus-wilkendorf.de
Seit 1886 in Karlsruhe ansässiges Teegeschäft, das über 200 Teesorten bereithält, darunter auch viele Bio-Tees. Für die stilechte Teezeremonie kann hier auch gleich das passende Geschirr und Zubehör erworben werden.

Zuckerbecker
Werderplatz 34, Südstadt
Telefon (07 21) 9 33 82 20
www.zuckerbecker.com
Nostalgisches Fachgeschäft für selbst hergestellte Schokolade und Pralinen. Der Inhaber Axel Becker veranstaltet auch regelmäßig Pralinenseminare.

ANTIQUITÄTEN

AF Galerie
Goethestraße 6, Weststadt
Telefon (07 21) 84 36 39
www.af-galerie.de
Große Auswahl an Möbeln, Porzellan, Glas, auch Kruscht und Krempel.

Antikart
Amalienstraße 37, Innenstadt
Telefon (07 21) 2 73 11
www.antikart-karlsruhe.de
Schöne Design- und Objektmöbel speziell aus den 1950er- bis 1970er-Jahren, »Industrial Design«, auch Kommissionsverkauf via Ebay.

Baden Antik
Herrenstraße 44, Innenstadt
Telefon (07 21) 2 03 09 84
www.antiquitaeten-karlsruhe.de
Der Schwerpunkt liegt bei Möbeln, Silber, Porzellan und Ölgemälden.

Frau Biedermeier
Kriegsstraße 208, Weststadt
Telefon (01 78) 18 04 03 5
www.frau-biedermeier.de
Antikes und Kurioses, schöner Laden zum Herumstöbern.

Horst Schach
Herrenstraße 50a, Innenstadt
Telefon (07 21) 26 22 2
Antiquitäten vor allem des 19. und 20. Jahrhunderts.

Karl Leis Antiquitäten
Herrenstraße 52, Innenstadt
Telefon (07 21) 26 71 6
Antiquitäten aller Art, darunter Schmuck, Gemälde und Grafiken.

Mekka für Bibliophile: das Fächerstadt-Antiquariat.

ANTIQUARIATE

Fächerstadt-Antiquariat
Kriegsstraße 140, Innenstadt
Telefon (07 21) 18 32 92 0
Antiquariat am Karlstor mit einem großen Angebot günstiger Bücher.

Haufe & Lutz
Kronenstraße 24, Innenstadt
Telefon (07 21) 37 68 82
www.haufe-lutz.de
Kleines, aber feines bibliophiles und wissenschaftliches Antiquariat in der Nähe der Universität. Im Angebot sind seltene Bücher vom 17. Jahrhundert bis heute. Ein besonderer Schwerpunkt liegt auf alten Kinder- und Jugendbüchern.

Südstadt Antiquariat
Marienstraße 9, Südstadt
Telefon (07 21) 57 05 86 9
www.suedstadt-antiquariat.de
Antiquarische Bücher, dazu eine große Sammlung von Druckgrafiken von den Alten Meistern bis zur Gegenwart.

BÜCHER

Buchhandlung am Kronenplatz
Kronenstraße 24, Innenstadt
Telefon (07 21) 37 77 75
www.kronenplatz.de
Gute Adresse vor allem für Studenten, viele Sach- und Fachbücher.

Reisebuchladen
Herrenstraße 33, Innenstadt
Telefon (07 21) 47 00 88 96
info@reisebuchladen-karlsruhe.de
www.reisebuchladen.net
Hier kann man schon einmal gedanklich auf Weltreise gehen. Globetrotter finden nicht nur ein großes Sortiment an Reisebüchern und Outdoor-Literatur, sondern auch Bildbände und hochspezialisierte Karten selbst exotischster Länder.

Stephanus-Buchhandlung
Herrenstraße 34, Innenstadt
Telefon (07 21) 91 95 20
service@stephanusbuch.de
www.stephanusbuch.de
Inhabergeführte Buchhandlung mit breitem Sortiment, auch abseits des Mainstreams. Im Zweitausendeins-Shop werden neben günstigen Büchern auch Filme und Musik geboten.

T3 Megastore
Zähringerstraße 57, Innenstadt
Telefon (07 21) 36 93 4
www.t3-megastore.de
Wer sich in Karlsruhe für Comics interessiert, kommt an diesem Geschäft nicht vorbei. Es bietet nicht nur eine Riesenauswahl im Bestandsshop, sondern hat auch alle aktuellen Neuerscheinungen parat. Obendrein gibt es noch ein großes Antiquariat für Comics und Science-Fiction, in dem jeder Fan fündig wird.

MUSIK/TONTRÄGER

Discover
Kreuzstraße 31, Innenstadt
Telefon (07 21) 38 86 14
www.discover-records.de
Gebrauchte LPs und CDs zu niedrigen Preisen, kleiner Laden mit viel Flair.

Musikhaus Schlaile
Kaiserstraße 175, Innenstadt
Telefon (07 21) 13 02 0
www.schlaile.de
Das Karlsruher Musikhaus mit 100-jähriger Tradition bietet ein großes Angebot an CDs, Noten und Musikinstrumenten, insbesondere Pianos.

Tom's Oldie Schallplatten
Erbprinzenstraße 2, Innenstadt
Telefon 0151 56 90 35 50
www.toms-schallplatten-poster.de
Platten, CDs, Bücher, Poster und alte Filmplakate zur Musik der 1950er- bis 1980er-Jahre.

MODE

Benjamin Bigot
Niddastraße 26, Grötzingen
Telefon 0176 96 82 75 50
www.originelleschuhe.de
Erlesene maßgeschneiderte Schuhe für sie und ihn. Die Kreationen des franzö-

Die Karlsruher Adresse für Musikliebhaber: Musikhaus Schlaile.

Hochwertige Möbel und Accessoires findet man bei Burger in der Waldstraße.

sischen Maßschuhmachers haben ihren Preis, sind dafür aber einzigartig.

Hot Wollée
Yorckstraße 24, Weststadt
Telefon (07 21) 84 94 26
www.hot-wollee.de
Second-Hand-Kleidung vom Feinsten. Im Angebot sind bekannte Edelmarken. Neben Kleidung und Schuhen kann man hier auch passende Taschen, Gürtel und Schmuck kaufen.

Modehaus Schöpf
Marktplatz, Innenstadt
Telefon (07 21) 38 00 06
www.modehaus-schoepf.de
Eine Karlsruher Institution. Das 1899 gegründete Familienunternehmen bietet Mode für die ganze Familie. Große Auswahl an Festtagsmode und Übergrößen.

Reif B. Fashion & Shoes
Karlstraße 41–43, Innenstadt
Telefon (07 21) 21 00 0
www.reifb.de
Eine feine Adresse für Mode, Taschen und Gürtel.

Usha
Karlstraße 28, Innenstadt
Telefon (07 21) 29 30 1
www.usha.de
Kreative Mode und Schmuck in ungewöhnlichem Ambiente.

MÖBEL UND DESIGN

Burger
Waldstraße 89–91, Innenstadt
Telefon (07 21) 91 32 20
www.burger.de
Hochwertige Möbel und Accessoires für Büro, Küche oder Wohnzimmer mit kompetenter und individueller Beratung.

Grüner Krebs
Erbprinzenstraße 21, Innenstadt
Telefon (07 21) 25 54 2

www.gruenerkrebs.de
Wohnideen und Geschenkartikel in einem ungewöhnlichen Ladengeschäft.

Licht und Wohnen
Karlstraße 32, Innenstadt
Telefon (07 21) 91 09 90
www.licht-und-wohnen.de
Elegante Möbel und Lampen für Anspruchsvolle.

Roter Punkt
Amalienstraße 25, Innenstadt
Telefon (07 21) 28 57 8
www.roter-punkt.de
Zeitloses hochwertiges Design, auch originelle Geschenkartikel.

Velvet Point
Seubertstraße 8, Oststadt
Telefon (07 21) 56 87 79 7
www.velvet-point.de
Vintage-Möbel, Designklassiker und ausgesuchte Wohnaccessoires der 1940er- bis 1970er-Jahre.

SAISONMÄRKTE

Flohmärkte
www.karlsruhe-tourismus.de
Neben dem viermal im Jahr stattfindenden Großflohmarkt auf dem Messplatz Karlsruhe gibt es eine Vielzahl an Floh- und Trödelmärkten mit wechselnden Terminen.

Pfennigbasar
www.iwc-karlsruhe.com/index.php/pfennigbasar
Einmal im Jahr findet in der Schwarzwaldhalle, veranstaltet vom Internationalen Frauenclub, der beliebte Basar statt. Der Erlös der günstigen Secondhandware wird sozialen Zwecken zugeführt.

MESSEN

Karlsruhe Messe- und Kongress-GmbH (KMK)
Messeallee 1, Rheinstetten
Telefon (07 21) 37 20 0
www.messe-karlsruhe.de
In einer der wirtschaftsstärksten Regionen Europas bietet die KMK mit der Messe Karlsruhe einen optimalen Standort für internationale und nationale Fach- und Publikumsmessen sowie große Veranstaltungen. Das Areal in Rheinstetten besteht aus vier lichtdurchfluteten Hallen mit mehr als 52 000 Quadratmetern. Den Mittelpunkt bildet die dm-Arena als Multifunktionshalle für 14 000 Besucher. Zu den beliebtesten Messen gehören die Verbrauchermesse »offerta«, die Lifestylemesse »Inventa« sowie die Kunstmesse »art KARLSRUHE«. Die KMK unterhält des Weiteren das Kongresszentrum, eines der größten seiner Art in Deutschland, und die Europahalle. Als Veranstalter bringt die KMK jährlich knapp 8000 Aussteller und 770 000 Besucher zusammen.

FESTE, FESTIVALS UND EVENTS

Januar/Februar

Indoor-Meeting
Messe Karlsruhe
Messeallee 1, Rheinstetten
www.meeting-karlsruhe.de
Jährlich stattfindendes Leichtathletik-Treffen, mit vielen nationalen und internationalen Stars prominent besetzt. Hier trifft sich die sportliche Weltelite.

■ **Die art KARLSRUHE ist im Februar das Kunstevent der Region.**

Februar

art KARLSRUHE
Messe Karlsruhe, Veranstalter: KMK
Messeallee 1, Rheinstetten
Telefon (07 21) 3720-5494
www.art-karlsruhe.de
Viertägige internationale Kunstmesse. Das Spektrum reicht von der Klassischen Moderne bis zur Gegenwartskunst. Mit rund 200 Ausstellern und 50 000 Besuchern gehört die 2004 ins Leben gerufene »art KARLSRUHE« zu den größten und erfolgreichsten deutschen Kunstmessen.

Händelfestspiele
Badisches Staatstheater Karlsruhe
Hermann-Levi-Platz 1
Telefon (07 21) 93 33 33 (Kasse/ Ticketvorverkauf)
www.staatstheater.karlsruhe.de
Schon seit 1978 veranstaltet das Badische Staatstheater jährlich die Händel-Tage, eine Reverenz vor dem großen Barockkomponisten Georg Friedrich Händel. Seit 1985 in den Rang der Festspiele erhoben, genießen sie in Fachkreisen eine ausgezeichnete Reputation.

April

Europäische Kulturtage
Veranstalter: Stadt Karlsruhe und Staatstheater Karlsruhe
Telefon (07 21) 133-0
www.europaeische-kulturtage.de
Das multikulturelle Festival findet alle zwei Jahre zu wechselnden Themen europäischer Kultur statt. Musik, Theater, Bildende Kunst, Literatur, Architektur und Film lassen fremde Kulturen mit allen Sinnen erleben.

Independent Days – Internationale Filmfestspiele Karlsruhe
Kino Schauburg Marienstraße 16
Telefon (07 21) 93 38 00 5
www.independentdays-filmfest.com
Low Budget-Filmfestival, bei dem etwa 150 künstlerisch anspruchsvolle Filme zur Aufführung kommen. Bei

den Auszeichnungen kann teilweise auch das Publikum mitstimmen.

April/Mai

Badische Meile
www.badischemeile.de
Traditionell Ende April, Anfang Mai stattfindender Lauf mit Walking und Nordic Walking über die Distanz von 8,88889 Kilometern von der Hermann-Veit-Straße bis zum Carl-Kaufmann-Stadion. Die Badische Meile ist ein historisches Längenmaß, das auf Markgraf Karl Friedrich zurückgeht, der diese Strecke mit seinem Gefolge in zwei Stunden zurücklegte. Der Start ist kostenpflichtig.

Mai

Brigandefeschd
Friedrichsplatz
Das traditionelle Fest bietet vier Tage lang gastronomische Spezialitäten und Live-Veranstaltungen.

Hoepfner Burgfest
Privatbrauerei Hoepfner
Haid-und-Neu-Straße 18
Telefon (07 21) 62 26 44
www.hoepfner.de
An Pfingsten findet traditionell das Hoepfner-Burgfest statt. Die Hoepfner-Burg verwandelt sich dabei in einen großen Biergarten mit mehreren Zelten, Imbiss- und Getränkeständen sowie Musikbühnen. Von Freitag- bis Montagabend wird ein abwechslungsreiches Musik- und Showprogramm geboten.

Mai/November

Karlsruher Volksfest
Messplatz, Oststadt
Montag bis Samstag 14–24 Uhr, Sonntag und Feiertage ab 12 Uhr
Das traditionsreiche Volksfest findet im Frühjahr und im Herbst statt. Außerdem gibt es zu Ostern das als »Kleine Mess« benannte Osterfrühlingsfest.

Musik und Show beim alljährlichen Hoepfner-Burgfest.

Viele Attraktionen locken die Besucher, so etwa das Riesenrad, eine »Super-Rutsche«, das Gruselkabinett oder auch Klassiker wie der Autoscooter.

Juni

Fidelitas-Nachtlauf
www.fidelitas-nachtlauf.de
Lauf für ganz Hartgesottene über eine Strecke von 80 Kilometern über Stock und Stein rund um Karlsruhe, auch durch den Schwarzwald. Die Läufer sind dabei zwischen sechs und 16 Stunden unterwegs. Es gibt auch einen Marathon und eine 4-mal-20-Kilometer-Staffel.

Hafen-Kultur-Fest
Werftstraße 2–4
Telefon (07 21) 599-0
www.rheinhafen.de
Während des dreitägigen Fests haben Besucher die Gelegenheit, den Wirtschaftsplatz Hafen auf unterhaltsame Art kennenzulernen. Das Hafengelände wird zur stimmungsvollen Kulturbühne, auch sportliche Veranstaltungen stehen auf dem Programm.

Juli

African Summer Festival
Am Schloss Gottesaue 4
Telefon (07 21) 99 61 67 2
www.africansummerfestival.de
Konzerte afrikanischer Bands, Tanz- und Trommelworkshops, dazu Modeschauen, Ausstellungen, Lesungen und natürlich viele gastronomische Spezialitäten bietet dieses Sommerfestival im Otto-Dullenkopf-Park.

Das Fest
Günther-Klotz-Anlage
Veranstalter: KME Karlsruhe Marketing und Event GmbH
Telefon (07 21) 78 20 45 0
www.dasfest.de
Karlsruhes legendäres Festival ist eine der größten Open-Air-Veranstaltungen in Deutschland überhaupt. Bis zu 250 000 Besucher zieht es am letzten Wochenende vor den Sommerferien zum »Mount Klotz«. Jahr für Jahr glänzt »Das Fest« mit großen Namen der Rock- und Popmusik. Hinzu kommen ein Klassik-Vormittag, eine DJ-Bühne und ein eigener Kinderbereich.

ZELTIVAL
Kulturzentrum Tollhaus
Alter Schlachthof 35
Telefon (07 21) 96 40 50
www.tollhaus.de
Beliebtes Festival für Tanz, Musik und Kabarett. Unter einem Zeltdach und doch an der frischen Luft wird abseits ausgetretener Pfade ein breites Spektrum nationaler und internationaler Stars aufgeboten.

August

KAMUNA – Karlsruher Museumsnacht
Veranstalter: Karlsruher Museen
Telefon 07243 33 29 40 4
www.kamuna.de
Die Karlsruher Museumsnacht Anfang August ist seit zwanzig Jahren fester Bestandteil des Kulturkalenders der Stadt. Die Karlsruher Museen öffnen ihre Pforten dabei nicht nur für Kunst, sondern auch für Musikkonzerte, Lesungen, Theater, Mitmachaktionen und vieles andere mehr. Die Museumsnacht steht jedes Jahr unter einem anderen Motto.

Großer Andrang herrscht immer bei der Karlsruher Museumsnacht.

Schlosslichtspiele
Schlossplatz
www.schlosslichtspiele.info
Spektakuläre visuelle Inszenierung auf der Barockfassade des Schlosses. 2015 zum 300. Stadtgeburtstag erstmals veranstaltet, gehören die Schlosslichtspiele inzwischen zu den Sommer-Highlights der Stadt.

Lichterfest
Zoologischer Stadtgarten
Ende August illuminieren Tausende Glühbirnen und Lampions den Park.

September

ATOLL-Festival
Kulturzentrum Tollhaus
Alter Schlachthof 35
Telefon (07 21) 96 40 50
www.tollhaus.de
Ein innovatives, noch recht junges Festival für zeitgenössischen Zirkus. Schon jetzt die größte ausschließlich dieser Kunstform gewidmete Veranstaltung in Deutschland.

Karlsruher Theaternacht
Verschiedene Bühnen überall in der Stadt
www.karlsruher-theaternacht.de
Elf Karlsruher Bühnen stellen sich vor.

Badenmarathon
www.badenmarathon.de
Marathon mit 6000 Teilnehmern. Es gibt auch einen Halbmarathon.

Oktober

Karlsruher Stadtfest
Innenstadt
Shopping und Unterhaltung bietet das Stadtfest, das in der Fußgängerzone stattfindet. Live-Musik und Kleinkunst gehören auch dazu.

November

KSC-Schlossparklauf
www.ksc.de/verein/abteilungen/leichtathletik/schlossparklauf
Jedes Jahr veranstaltet der KSC einen Lauf durch den Schlosspark über eine Strecke von maximal 9,9 Kilometern.

Schüler, Jugendliche, Mannschaften und Promi-Teams nehmen daran teil.

November/Dezember

Christkindlesmarkt
Friedrichsplatz, Marktplatz, Innenstadt
www.karlsruher-christkindlesmarkt.de
Glühwein und Lebkuchen, Duftkerzen und weihnachtliches Kunsthandwerk – der Karlsruher Christkindlesmarkt mit seinen festlich geschmückten Giebelhäuschen und der Lichtpyramide ist ausgesprochen stimmungsvoll. Er öffnet Ende November und schließt am Tag vor Heiligabend.

Dezember/Januar

Stadtwerke-Eiszeit
Schlossplatz
www.stadtwerke-eiszeit.de
Rund 60 000 Schlittschuhfahrer tummeln sich in den Wintermonaten Dezember und Januar auf der Eislaufbahn auf dem Schlossplatz, das Ganze bei Musik und kunstvoller Beleuchtung. Drumherum finden Eislaufwettbewerbe, Eislaufkurse und das Karlsruher Eisstockturnier statt. Es wird Eintritt erhoben.

GÄRTEN, PARKS UND FRIEDHÖFE

Zoologischer Stadtgarten Karlsruhe
Ettlinger Straße 6
Telefon (07 21) 133-68 01
www.karlsruhe.de/zoo
November bis Februar 9–16 Uhr, März und Oktober 9–17 Uhr, April bis September 8.30–18 Uhr
Eingänge befinden sich am Bahnhofplatz und am Festplatz.

Stimmungsvoll ist der Christkindlesmarkt auf dem Friedrichsplatz.

Botanischer Garten
Hans-Thoma-Straße 6
Telefon (07 21) 9 26 30 08
www.botanischer-garten-karlsruhe.de
Die Schauhäuser des Botanischen Gartens sind Dienstag bis Freitag von 10–16.45 Uhr, Samstag und Sonntag von 10–17.45 Uhr geöffnet.

Hauptfriedhof
Haid-und-Neu-Straße 33–39
Telefon (07 21) 7 82 09 33
www.friedhof-karlsruhe.de/friedhoefe/der-hauptfriedhof.html
Infocenter: Dienstag bis Samstag 10–13 Uhr

Großherzogliche Grabkapelle
Fasanengarten
Telefon (07251) 74 26 61
www.grabkapelle-karlsruhe.de
April bis Oktober Donnerstag 11 bis 14 Uhr, Freitag 14–17 Uhr, Samstag und Sonntag 13–17 Uhr

FREIBÄDER

Freibad Rüppurr
Heidelberger Straße 1
Telefon (07 21) 133-52 32
www.ka-baeder.de/freibaeder/freibad-rueppurr
Neben einem 50-auf-25-Meter-Becken verfügt das Freibad über ein Nichtschwimmerbecken mit Schwallbrausen und Wasserfall. Eine 79 Meter lange Riesenrutsche stellt eine der Hauptattraktionen dar. Zwei Kioske, eine große Liegewiese, Sport- und Spielplätze sowie Möglichkeiten für Tischtennis, Ringtennis und Beachvolleyball vervollständigen das Angebot.

Rheinstrandbad Rappenwört
Hermann-Schneider-Allee 50–54
Telefon (07 21) 133-52 29
www.ka-baeder.de/freibaeder/rheinstrandbad-rappenwoert

Einmalig ist die Lage des Rheinstrandbades Rappenwört.

Das Rheinstrandbad Rappenwört ist eines der landschaftlich schönsten und größten Bäder Deutschlands. Einmalig ist die Lage direkt am Rheinufer. Reichhaltiges Badeangebot mit Wellen-, Erlebnis-, Sprung- und Mehrzweckbecken. Riesige, baumbestandene Liegewiesen und vielseitige Gastronomie- und Sportangebote (Tischtennis, Basketball, Minigolf).

Sonnenbad
Am Sonnenbad 3, Rheinhafen
Telefon (07 21) 133-52 30
www.ka-baeder.de/freibaeder/sonnenbad
Als eines der ersten Freibäder in Deutschland eröffnet das Sonnenbad Ende Februar die Saison und bleibt bis zum 1. Advent geöffnet. Die Wassertemperatur wird der jeweiligen Lufttemperatur angepasst. Neben dem Schwimmerbecken gibt es ein Nichtschwimmerbecken mit Rutsche, ein Planschbecken, einen Massagepilz, diverse Sportanlagen und vor allem eine sehr schöne Liegewiese mit alten Bäumen. Charmantes Bad mit vielen Stammgästen.

Turmbergbad Durlach
Alte Weingartner Straße 40
Telefon (07 21) 41 07 5
www.ka-baeder.de/freibaeder/turmbergbad
Das am Fuße des Durlacher Turmbergs gelegene Bad bietet neben einem 50-Meter-Schwimmbecken einige Wasserattraktionen wie ein Nichtschwimmerbecken mit 65 Meter langer Riesenrutsche, einen Massagepilz, Massagedüsen und Spaßfontänen. Zahlreiche Sportangebote (Beachvolleyball, Badminton, Fußball).

HALLENBÄDER

Europabad
Hermann-Veit-Str. 5
Telefon (07 21) 16022-400
www.ka-europabad.de
Großzügig angelegtes, regional bekanntes Erlebnisbad mit Innen- und Außenbecken und zahlreichen Attraktionen wie Green-Viper-Erlebnisrutsche, Reifenrutsche, Wildwasserfluss und einem Aquacrossparcours. Daneben lockt eine schön gestaltete Saunalandschaft mit karelischem Saunadorf, blauer Grotte, Wintergarten und Solarium. Großes Spa-Angebot.

Fächerbad
Am Sportpark 1
Telefon (07 21) 96 10 10
www.faecherbad.de
Cabriobad, das im Winter wie im Sommer Badespaß bietet. Hallenbad mit 50-Meter-Sportbecken, Nichtschwimmerbecken und Springerbecken. Daneben befindet sich als neueste Attraktion ein Cabriobecken mit ausfahrbarem Glasdach und direktem Zugang zur ausgedehnten Liegewiese an schönen Sommertagen. Auch das Saunaparadies mit dem idyllischen Saunagarten wurde großzügig umgestaltet.

Vierordtbad
Ettlinger Straße 4
Telefon (07 21) 133-52 25
www.ka-vierordtbad.de
Ein Wellnessbad im nostalgischen Ambiente. Badevergnügen im schön renovierten, historischen Badehaus bei Temperaturen über 30 Grad, Sprudelliegen und Brodelbuchten. Die Saunalandschaft enthält auch ein Majolika-Dampfbad. Ein weiterer

Schwerpunkt liegt auf den Wellness-Angeboten mit Schönheitsinstitut und Massagepraxis.

Weiherhofbad
Im Weiherhof 13
Telefon (07 21) 133-52 27
www.ka-baeder.de/hallenbaeder/weiherhofbad
Klassisches Stadtteilbad mit 25-Meter-Schwimmbecken, Nichtschwimmer- und Planschbecken. Ein Kräuterdampfbad, eine Blockhaus- und Kotasauna sowie ein Ruhehaus ergänzen das Angebot.

BADE- UND BAGGERSEEN

Badesee Buchtzig
Südlich von Karlsruhe bei Ettlingen gelegener See mit sehr schönem Sand- und Wiesenstrand. Man kann Beachvolleyball, Basketball und Tischtennis spielen. Ein Kinderspielplatz und ein Kiosk komplettieren das Angebot. Umkleidekabinen und Duschen sind ebenfalls vorhanden. Kostenpflichtiger Zugang. Mit öffentlichen Verkehrsmitteln über den Bahnhof Bruchhausen gut zu erreichen.

Baggersee Fuchs & Gros in Eggenstein
Badesee 10 Kilometer nördlich von Karlsruhe mit kleiner Liegewiese bzw. -strand. Auch für Taucher und Surfer attraktiv. Es gibt einen Eisverkauf und eine Toilette.

Baggersee Weingarten
Sauberer Badesee mit Sandstrand und Wiese, auch viele Schattenplätze sind vorhanden. Neben Sport- und Spielplätzen gibt es auch diverse Grillstellen, ebenso Toiletten und Gastronomie. Gebührenpflichtiges Parken. Der Baggersee ist mit der S-Bahn zu erreichen (Weingarten oder Untergrombach).

Der Baggersee in Eggenstein ist im Sommer bei Groß und Klein beliebt.

Epple-See
Sehr schöner, sauberer und entsprechend beliebter Baggersee bei Forchheim mit großem Sandstrand und Liegewiese am Ostufer. Allerdings kaum Schattenzonen. Es gibt auch eine FKK-Zone. Eine Imbissbude und Toiletten sind vorhanden. An schönen Sommerwochenenden ist der See schnell überlaufen. Kostenpflichtiges Parken an der Nordseite des Sees. Mit der S-Bahn über die Haltestelle Forchheim zu erreichen.

Fermasee
Baggersee in den Rheinauen bei Neuburgweier, größtenteils Naturschutzgebiet. Am südöstlichen Ufer ist das Baden gestattet. Hier gibt es auch Parkplatz, Imbiss und Dixi-Klo. Eine landschaftlich reizvolle Badealternative für Ruhebedürftige.

Grötzinger Baggersee
Nordöstlich der B3 gelegen. Der nördliche Teil ist Naturschutzgebiet. Im Süden Bade-, Surf-, Segel- und Angelmöglichkeiten. Kleiner Badestrand, auch FKK möglich. Es gibt einen eigenen Hundestrand. Parkplätze vorhanden, auch eine Gaststätte ist in der Nähe.

Liedolsheimer See/Giesen
Baggersee im Dettenheimer Ortsteil Liedolsheim nahe der Insel Rott mit großem Sandstrand und Liegewiese. Beachvolleyball. Der See ist auch bei Surfern und Seglern beliebt. Gute Infrastruktur mit WC, Umkleidekabinen, Kiosk und Restaurant. Gebührenpflichtiger Parkplatz.

Mittelgrund bei Leopoldshafen
Badesee mit mehreren hübschen Sandbuchten. Nicht nur attraktiv für Sonnenhungrige und Schwimmer, sondern auch für Taucher. Ganz in der Nähe befindet sich ein Fischrestaurant. Gut zu erreichen über die L559 oder mit der S-Bahn, Haltestelle Leopoldstraße.

Streitköpfle Linkenheim (BaLi)
Sehr schöner gepflegter Baggersee mit großem Sand- und Kieselstrand 20 Kilometer nördlich von Karlsruhe. Wegen seiner guten Sichttiefe ist der See auch bei Tauchern sehr beliebt. Die Infrastruktur ist mit Kiosk und WC gut ausgebaut. Das Parken ist gebührenpflichtig. Für Wassersportler und Angler ist der benachbarte große Baggersee Rohrköpfle interessanter. Dieser ist zum Baden nicht zugelassen.

HOTELS

Achat Plaza Karlsruhe ****
Mendelssohnplatz
Telefon (07 21) 37 17 0
www.achat-hotels.com
Anspruchsvolles und elegantes Hotel in günstiger Lage.

Centro Hotel Blankenburg ***
Kriegsstraße 90
Telefon (07 21) 93 26 90
www.centro-hotels.de
Sympathisches Haus mit individueller Note gegenüber dem Badischen Staatstheater.

City Hotel Karlsruhe
Kaiserstraße 152–154
Telefon (07 21) 25 30 3
www.city-hotel-karlsruhe.de
Preisgünstiges und zentrales Hotel direkt an der Einkaufsstraße.

Designhotel Der Blaue Reiter ****
Amalienbadstraße 16
Telefon (07 21) 94 26 60
www.hotelderblauereiter.de
Designhotel in Durlach, erbaut im Geiste der Künstlervereinigung »Der Blaue Reiter«.

Hotel und Restaurant Beim Schupi ***
Durmersheimer Straße 6
Telefon (07 21) 55 94 0
www.schupi.de
Gemütliches Hotel mit Restaurant und Biergarten.

Hotel Eden ***
Bahnhofstraße 15–19
Telefon (07 21) 18 18 0
www.eden-ka.de
In der Nähe des Stadtgartens gelegenes Hotel mit komfortablen Zimmern.

Hotel Rio ****
Hans-Sachs-Straße 2
Telefon (07 21) 84 08 0
www.hotel-rio.de
Gepflegtes Hotel mit großzügigen Zimmern in einer ruhigen Seitenstraße in der Nähe des Mühlburger Tors.

Hotel Santo ****
Karlstraße 67–69
Telefon (07 21) 38 37 0
www.hotel-santo.de
Schönes Hotel in der Nähe des Kongresszentrums mit Sonnenterasse.

ibis Karlsruhe Hauptbahnhof **
Poststraße 1
Telefon (07 21) 35 23 20
www.accorhotels.com/de/hotel-6965-ibis-karlsruhe-hauptbahnhof
Im denkmalgeschützten ehemaligen Bahnpostamt gelegenes Hotel.

Kaiserhof ****
Karl-Friedrich-Straße 12
Telefon (07 21) 91 70 0
www.hotelkaiserhof-ka.de
Direkt am Marktplatz mit ausgezeichnetem Restaurant.

Leonardo Hotel ****
Ettlinger Straße 23
Telefon (07 21) 37 27 0
www.leonardo-hotels.de
In der Nähe von Zoo und Stadtpark gelegenes Hotel mit modern eingerichteten Zimmern.

Löwe am Tiergarten ***
Bahnhofplatz 6
Telefon (07 21) 93 22 20
www.hotelamtiergarten.de
Gepflegtes Hotel am Hauptbahnhof.

Nashira Tower Suite
Hanne-Landgraf-Platz 1
Telefon (07083) 9 28 88 34
www.towersuite.de
Hotel mit nur einer Suite im Wasserturm.

Novotel Karlsruhe City Hotel ****
Festplatz 2
Telefon (07 21) 35 26 0
www.accorhotels.com
Großes Hotel mit 246 komfortablen Zimmern beim Kongresszentrum.

Novum Hotel Greif Karlsruhe **
Ebertstraße 17
Telefon (07 21) 35 54 0
www.novum-hotels.com/hotel-greif-karlsruhe
Preisgünstiges Hotel mit unterschiedlich ausgestatteten Zimmern in der Nähe des Hauptbahnhofs.

Schlosshotel Karlsruhe ****
Bahnhofplatz 2
Telefon (07 21) 38 32 0
www.schlosshotelkarlsruhe.de
Traditionshotel mit historischem Charme beim Bahnhof.

Das Schlosshotel Karlsruhe empfängt den Besucher am Bahnhofplatz.

PENSIONEN UND HOSTELS

Pension Stadtmitte Garni
Zähringerstraße 72
Telefon (07 21) 50 44 94 20
www.pensionstadtmitte.de
Kleine, familiär geführte Pension im Stadtzentrum.

Pension Anita
Schenkendorfstraße 2
Telefon (07 21) 88 76 06
www.pension-anita.com
Charmante kleine Pension in einem Jugendstilhaus. Gemütliche Zimmer, Garten. Frühstück auf Anfrage.

Hostel Kaiserpassage
Kaiserpassage 10
Telefon (07 21) 40 24 34 59
www.gaestehaus-kaiserpassage.de
Sehr zentral gelegenes Hostel. Preiswerte und saubere Zimmer, Küchenbenutzung inklusive.

Jugendherberge
Moltkestraße 24
Telefon (07 21) 28 24 8
www.jugendherberge.de/jugendherbergen/Karlsruhe-13/portraet
Vier- und Sechsbettzimmer mit Dusche.

PRIVATZIMMERVERMITTLUNG

Stay over night
Waldring 3
76337 Waldbronn
Telefon (0 72 43) 5 52 39
www.stay-over-night.de
Preiswerte Privatzimmer, Ferienwohnungen und Appartements in Karlsruhe, Ettlingen, Bruchsal und Umgebung.

VERKEHRSMITTEL

Mobilitätszentrale
Weinbrennerhaus am Marktplatz,
Karl-Friedrich-Straße 9
Telefon (07 21) 61 07-57 90
www.ka-mobil.de
Informationen rund um das Thema Verkehr – egal ob öffentlicher Nahverkehr, Auto, Carsharing oder Fahrrad, die Mobilitätszentrale gibt Auskunft: Fahrpläne von Bussen und Bahnen, Anzeige des Verkehrsflusses, der Parkhäuser und Park-&-Ride-Plätze.

Karlsruher Verkehrsverbund (KVV)
Kundenzentrum im Weinbrennerhaus am Marktplatz
Montag bis Freitag 9–19 Uhr, Samstag 9–17 Uhr
Kundenzentrum am Hauptbahnhof/ Bahnhofplatz
Montag bis Freitag 6.30–19 Uhr, Samstag 9–17 Uhr, Sonntag und Feiertage 9–15 Uhr
Servicetelefon: (07 21) 61 07-58 85
www.kvv.de
Karlsruhe verfügt über ein einzigartiges Nahverkehrssystem: mit der Straßenbahn bis in den Schwarzwald hinein, nach Eppingen, Bad Schönborn oder in die Pfalz. Möglich wird dies durch die seit 1991 eingesetzten Straßenbahnwagen mit Zweisystemtechnik, die sowohl im Straßenbahnnetz als auch auf den Gleisen der Deutschen Bahn fahren können.
Tickets können an Automaten an den Haltestellen, teilweise auch in den Bahnen gekauft werden und sind vor Fahrtantritt abzustempeln. Oder einfach über das Handyticket-

Sauber und bequem durch Karlsruhe mit den gelben Bahnen der KVV.

portal: https://kvv.mobilesticket.de/ticketportal/. Für Touristen am günstigsten sind die Tageskarten City solo (für eine Person) oder City plus für bis zu fünf Personen. Für Nachtschwärmer ideal sind die Nightliner-Busse. Sie verkehren am Wochenende zwischen 1.30 Uhr und 6.30 Uhr stündlich zwischen dem Marktplatz und den Stadtteilen, in der Woche gibt es einen Nightliner jeweils um 4.30 Uhr.

Deutsche Bahn Karlsruhe
Hauptbahnhof, Bahnhofplatz 1
DB-Information 6–22.30 Uhr
www.bahn.de
www.bahnhof.de/bahnhof-de/Karlsruhe_Hbf-1019530

Turmbergbahn
Bergbahnstraße, Durlach
www.kvv.de/freizeit/freizeitbahnen/karlsruhe/turmbergbahn.html
Die Bahn verkehrt im Sommerhalbjahr täglich von 10 bis 20 Uhr mindestens alle 15 Minuten, im Winterhalbjahr (zwischen 1. November und Ende März) fährt sie am Wochenende und an Feiertagen.

Schiffstouren mit der »MS Karlsruhe«
Telefon (07 21) 599-7424 oder -7421
www.rheinhafen.de/fahrgastschiff-karlsruhe
Der Ausflugsdampfer legt im Rheinhafen ab (der Weg ist dort ausgeschildert).

Taxi-Funk-Zentrale Karlsruhe
Telefon (07 21) 94 41 44
www.taxi-zentrale-karlsruhe.de

Taxi-Ruf Karlsruhe
Telefon (07 21) 16 02 00
www.taxi-ruf-karlsruhe.de

Autovermietung Avis
Telefon (07 21) 37 28 0

Autovermietung Europcar
Telefon (07 21) 93 15 50

Autovermietung Hertz
Telefon (07 21) 37 40 30

Autovermietung Sixt
Telefon (07 21) 31 32 2

stadtmobil Carsharing
Ludwig-Wilhelm-Straße 15
Telefon (07 21) 91 19 11-0
www.karlsruhe.stadtmobil.de

Fächerrad
www.faecherrad.de
Die Mieträder können rund um die Uhr per Anruf, App, am Stationsterminal oder mit Kundenkarte über Bordcomputer ausgeliehen und wieder abgegeben werden.
Im Zentrum können die Räder an jeder Straßenkreuzung abgestellt werden. In den äußeren Stadtteilen gibt es feste Standorte mit Verleihterminals. Am Berliner Platz und am Hauptbahnhof befinden sich E-Bike-Verleihstationen.

Fahrradverleih Indiroad67
Telefon 0159 05 41 27 26
www.indiroad67.de
Verleih von City-Fahrrädern, Mountainbikes und E-Bikes, Buchung über Website, da kein Ladengeschäft vorhanden, bequemer Bring- und Holservice.

Mike's Bike
Sophienstraße 180
Telefon (07 21) 85 54 94
www.mikes-bike.de
Vermietung von City- und Trekking-Bikes, E-Bikes, Tandems und Rikschas.

KulturRegion Karlsruhe

Sibylle Peine

Blattgold, Bühnen, Blütenzauber

Spannende Streifzüge durch die KulturRegion Karlsruhe

Die Region rund um Karlsruhe zeichnet sich durch eine reiche Geschichte und viele interessante Kultureinrichtungen aus. Dieser handliche Führer informiert über alle wichtigen Sehenswürdigkeiten: barocke Schlösser in Rastatt und Bruchsal, Klöster in Herrenalb und Maulbronn, Museen und Theater in Ötigheim und Karlsruhe, Badetempel in Wildbad und Baden-Baden, Gärten in Gernsbach und Ettlingen – all das will erkundet sein.

160 Seiten, ca. 140 farbige Abbildungen, Klappenbroschur.
ISBN 978-3-8425-2080-6

SILBERBURG